용을 찾아서

―열대 섬과 나,
드래곤 이야기

지원에게
네 결혼을 축하하며

2005 〈올해의 논픽션상〉 수상작
여행과 세계 부문

용을 찾아서

— 열대 섬과 나, 드래곤 이야기

박정석 지음

민음사

차례

1부 기억을 완성하기 위하여

코모도 섬에 사는 괴물·9 / 한 장의 사진·17 / 세이렌이 사는 섬·28 / 바닷가로 돌아오다·36 / 띠르따강가에서·42

2부 여행의 기술

고구마처럼 생긴 수마트라·59 / 무겁게 여행하기·65 / 호수에서 살다·74 / 은전을 삼키는 아이들·81 / 먹는 이야기: 나시고렝과 빠당 푸드·91 / 홍정의 미학·100

3부 열대의 추억

두 갈래 길·109 / 롬복·116 / 바닷가의 앵벌이 듀오·124 / 파라다이스 생활·135 / 동행자·142 / 대탈주·148

4부 여행자들

You've got mail · 163 / 돼지를 치는 청년 · 168 / 우붓 · 182 / 내 마음에 드는 동네 · 192 / 은둔자 게 납치하기 · 201 / 발리의 외국인들 · 211

5부 머나먼 섬

호수에서 만난 남자 · 219 / 친절에 관하여 · 227 / 풀라우웨 · 233 / 이까라는 이름의 소녀 · 239 / 잃어버린 수영복 · 243 / 기념품 · 249

6부 용을 찾는 모험

귀여운 여인 · 257 / 이부 와얀 · 263 / 코모도 섬으로 가는 노파 · 271 / 에필로그 · 282

"세상의 어떤 힘도 인간의 영혼처럼 제국주의적이지는 못하다. 영혼은 점유하고 점유를 당하지만 항상 제국이 너무 좁다고 느낀다. 답답해진 영혼은 자유롭게 숨쉬기 위해 전 세계를 정복한다. 내 삶에 가장 큰 은혜를 베푼 것은 여행과 꿈이었다."

―니코스 카잔차키스

"세상에 좋은 곳은 많지만 다 가볼 필요는 없다. 그리고 집 떠나면 고생이다."

―유학 시절 이웃에 살던 어느 한국인 가장

1

기억을
완성하기
위하여

코모도 섬에 사는 괴물

그해 여름 나는 다시 용을 찾아 먼 모험을 떠났다.
"용을 보러 가야겠어."
누군가 어느 날 갑자기 연락을 해서 이렇게 말한다면 그는 아무리 침착한 척 하고 있다 해도 내심 이야기를 듣는 상대가 어떤 반응—가능한 한 격렬한—을 보이기를 은근히 바라고 있는 것이다. 그때 나도 마찬가지였다. 그러나 놀라는 사람은 아무도 없었다. 모험을 말리려는 사람도 없었다. 어린 시절 나는 남들의 관심을 지겨워했고 다 크고 난 후로는 그들의 무관심에 번번이 실망했던 것 같다.
"용이라니, 조금 위험할 듯싶기도 한데……. 하지만 네가 어련히 잘 알아서 처신하겠지. 그럼 조심해서 다녀오렴."

친구 한 명이 이렇게 말했을 뿐이다. 나머지 사람들은 가만히 내 말을 듣고만 있었다. "진짜 용을 보러 간단 말이야? 아니면 용을 닮은 어떤 다른 짐승인가?" 하고 호기심을 보이는 사람도 없었다. 휴가철이 다가오고 있었고 다들 사느라 바빴다. 용이란 동물을 쉽게 볼 수 있다면 마다할 이유야 없겠지만 순전히 용을 보려는 목적으로 귀중한 시간을 내 먼 길을 갈 생각은 하지 않는 것 같았다. 모험에 쓸 돈이라면 다른 일에 더욱 값지게 사용할 수 있다. 예를 들자면, 벽에 걸어둘 대형 평면 텔레비전을 사는 데 보탠다거나 큰아이를 영어 유치원에 보내는 등의 실질적인 일들 말이다. 어른이 된다는 것은 반드시 수행해야만 하는 의무들이 늘어난다는 뜻이다. 아직 독신인 친구들은 마음에 맞는 배우자를 찾는 한편 자기 발전을 위해 열심히 투자하는 참이었고, 가정을 가진 친구들은 아이를 한둘 낳아 키우며 더 넓고 쾌적한 집으로 이사를 갈 계획에 몸과 마음이 모두 바빴다.

"내가 만일 휴가를 간다면 아름다운 리조트에 가서 며칠이고 유유자적할래. 푸른 열대 바다가 보이는 수영장에 누워서 칵테일을 마시고 마사지도 받으면서 말이야."

용을 찾는 모험에 열광하는 사람은 없었다. 친구들은 용이 등장하는 영화나 그 밖의 문화 상품이라면 몰라도 용이란 동물 자체에는 거의 흥미를 느끼지 않는 듯했다.

"용을 볼 수 있다면 나쁠 것 없겠지. 하지만 겨우 그것 하나 보려고 먼 길을 간다니 시간과 돈이 좀 아깝지 않아? 난 뉴욕에 우선 가보고 싶어. 구겐하임과 휘트니 미술관을 돌아보고 오페라의 유령이나 캐츠 같은 뮤지컬 구경도 하는 거야. 밤이면 소호의 술집에도 가고, 뉴욕 시

외곽에 있다는 아웃렛에 들러서 디자이너 옷들을 몇 벌 쇼핑하겠어. 아주 근사한 여행이 될 텐데. 아니면 파리나 피렌체도 좋겠다. 돈이 좀 들긴 하겠지만 충분히 그럴 만한 가치가 있다고 들었거든."

사람들과 이야기를 하다 보면 세상에는 용을 찾는 모험보다 더 중요한 일들이 많다는 것을 알 수 있었다. 재테크, 내 집 마련, 보험 가입, 자식 교육, 살 빼기, 보톡스 시술, 우울증 치료……. 우리들은 더 이상 해적이나 보물, 무인도에 열광하는 어린애가 아니었다. 어른다운 어른이라면 유년 시절과 깨끗하게 작별하고 예전에는 관심이 없던 일들에 기꺼이 흥미를 보여야 한다. 그러지 않는다면 조금 이상한 사람 취급을 받아도 할 말이 없는 것이다.

"어쨌든 우린 이제 서른이 훨씬 넘었으니까 앞으로 어떻게 살아야 할지 지금쯤은 확실히 알고 있어야 한단 말이야. 그렇지 않다면 입을 다물고 조용히 있는 편이 낫겠지. 인생에 대해 여태 모른다는 걸 남들이 눈치 채지 못하도록."

친구 한 명이 내게 이렇게 조언했다. 모험을 꿈꾸던 유년기로부터 많은 시간이 흘렀다. 지금 몇 살이냐고 누가 물으면 내 나이에 대해 한참이나 생각해야 하던 어린 시절이 있었다니, 믿기지 않았다. 나와 친구들은 점점 더 빠른 속도로 나이 들고 있었고 한때 충만하던 호기심은 오랫동안 물을 주지 않고 내버려둔 화초처럼 바짝 말라붙어 소생 불가로 보였다. 무슨 짓이든 해야만 했다.

목적지는 무인도에 가까운 조그만 섬이었다. 인도네시아 남동쪽 바다에 있는 크고 작은 서너 개 섬들 사이에 숨기듯 자리한 섬. 메마른 잡목으로 뒤덮인 섬을 둘러싼 바다는 아주 거칠어 펄펄 끓어오르듯 하얀 거품이 부글거렸다. 광포한 괴물이 주거지로 삼기에 꼭 적합해 보이는 환경이다.

그 섬에 커다란 용들이 떼를 지어 살고 있었다. 현지인들은 이들을 '오라(ora)'라고 불렀지만 오래전부터 외국인들은 이 괴상한 짐승을 일컬어 섬의 이름을 따서 '코모도 드래곤(Komodo Dragon)'이라고 불렀다. 학명은 바라누스 코모도인시스(Varanus Komodoensis). 머리에 뿔이 없고 입으로 불을 내뿜지 않는다는 점을 빼면 전설에 나오는 용의 모습과도 흡사한, 괴물이 멸종한 시대에 이제 몇 남지 않은 그야말로 괴물다운 괴물이다. 육중한 몸은 힘껏 찔러도 칼날이 들어가지 않을 만큼 갑옷처럼 딱딱한 암회색 껍질로 빈틈없이 싸여 있고, 날카롭게 찢어져 반들거리는 조그만 눈은 잔인해 보였다. 주무기로 말하자면 커다란 뼈를 한입에 부서뜨릴 만큼 강력한 턱과 무쇠 채찍처럼 힘센 꼬리로, 길게 날름거리는 노란 혓바닥은 풀숲에 숨은 먹잇감을 찾아내는 후각기관이다. 다 자란 성체 중에는 머리에서 꼬리 끝까지가 사람 키의 두 배에 이를 정도로 거대한 놈도 있다고 한다. 작은 동물들을 잡아먹고 사는데 드물긴 하지만 간혹 가다 운이 나쁜—조심성 부족한—인간이 포식거리가 되는 경우도 있었다.

용을 보는 일은 쉽지 않았다. 만일 그게 수월했다면 코모도 섬은 런던 동물원처럼 세계 각국에서 몰려든 관광객들로 북적거렸을 테고 그랬다면 용에 대한 나의 애정도 상당 부분 식어버렸을 것이다.

코모도 섬까지는 직행 항공편이 없으니 먼 길을 돌아가야만 했다.

자바 - 발리 - 롬복 - 숨바와 - 코모도 - 플로레스

인도네시아는 만 삼천여 개의 섬으로 이루어진 군도 국가다. 대략 위의 순서대로 섬들이 늘어서 있다. 코모도 섬으로 가기 위해서는 우선 서울에서 일곱 시간을 비행해서 인도네시아의 수도 자카르타로 가야 했다. 자카르타에서 국내선을 타고 발리로 간다. 드디어 발리에 도착했다면, 그리고 가진 돈이 넉넉하다면 다시 한번 비행기를 타고 플로레스(Flores)의 라부한바조(Labuhanbajo)로 단숨에 날아간다. 아름답기로 소문난 미항 라부한바조의 항구에서 배를 타면 몇 시간 안에 용들의 서식지인 코모도에 닿을 수 있다. 비행기 표를 살 돈이 부족하다면, 발리에서 비행기를 타는 대신 버스와 배를 이용해서 가야 한다. 숨바와(Sumbawa) 섬의 비마(Bima)까지 굽이굽이 멀고 지루한 길을 육로와 해로로 간다. 몇 개의 버스 회사들 중에서 신뢰도가 가장 높은 쁘라마 셔틀(Perama shuttle)을 이용하면 발리에서 대략 미화 20달러 정도에 비마까지 닿을 수 있다. 시간은 건기라면 이틀 정도, 우기라면

인도네시아 Indonesia 면적과 인구 규모가 동남아시아에서 가장 큰 국가로 모두 13,677개의 섬으로 구성되어 있다. 가장 큰 영토는 수마트라 섬, 칼리만탄(보르네오 섬의 대부분 지역)과 이리안자야(뉴기니 섬 서반부)이다. 인도네시아의 대부분 지역은 인구밀도가 희박한 열대 정글 지대이다. 그러나 화산작용으로 이루어진 자바 섬과 발리 섬은 매우 비옥하여 세계에서 인구밀도가 가장 높은 지역에 속한다. 300년간의 네덜란드 식민 통치를 청산하고 1945년 독립을 선포했다. 1965년 공산혁명 시도를 진압한 후부터 군부가 정부의 핵심 역할을 담당하고 있다.

그 두 배가량 걸린다. 태풍이 몰아치는 시기라면 영원에 가까운 시간이 걸릴 수도 있다. 폭우에 씻겨 길이 사라지고 바다가 너무 거칠어 배를 띄울 수도 없다. 폭풍을 겨우 뚫고 무사히 비마에 도착했다면, 라부한바조에서와 마찬가지로 그곳 항구에서 배를 빌려 코모도 섬으로 갈 수 있다.

    나는 자카르타로 갔다. 자카르타에서 발리로 떠나는 국내선은 시간마다 한 편씩 있었다. 비행기에 오르니 내 옆 자리에는 현지인 노인이 앉아 있었다. 가마에서 두 번 구워 낸 옹기처럼 짙은 갈색으로 반들거리는 여윈 얼굴에 주름이 가득한 할아버지였는데, 바틱 셔츠에 낡아빠진 바지, 다 떨어진 가죽 샌들 사이로 갈퀴처럼 메마른 발가락이 보였다. 초라함 때문인지 노인은 승객들 중에서 유독 두드러졌다. 이 거대한 섬나라를 비행기로 여행하는 사람은 외국인 관광객 아니면 부유한 현지인이다. 돈보다 시간이 더 많은 선량한 시민들을 위해서는 안락하지만 값비싼 비행기 대신 바퀴벌레가 우글거리는 장거리 버스나 총알처럼 달리는 합승 택시, 느려터진 기차와 페리 등 다양한 교통수단들이 가격대별로 층층이 마련되어 있었다.

 호기심이 왕성한 노인이었다. 내가 인도네시아어를 할 줄 안다는 것을 알자 소소한 질문이 끝도 없이 이어졌다. 어느 나라 사람인지, 한국에서 왔다면 남한인지 북한인지, 남한의 요즘 상황은 어떤지, 어째서 일행이 없이 혼자 가는지, 가족 관계는 어떻게 되는지, 가족들은 어디서 뭘 하며 사는지. 끝없이 질문을 퍼붓던 노인은 드디어 이렇게 물었다.

 "Ke mana(어디로 가시나)?"

 이것은 인도네시아에서 가장 흔히 듣는 인사말이었다.

 "코모도 섬으로 가는 중입니다."

 누사뚱가라(Nusa Tenggara: 발리 남동쪽의 섬들) 제도에 속한 이 작고 진귀한 섬의 이름을 듣는 순간 노인은 깜짝 놀라 눈을 휘둥그렇게 떴다.

 "코모도라고? 그 섬에는 대체 왜 가시나?"

 내가 기다려 마지않은 순간이었다.

 "Untuk mencari dragon(용을 찾으러 갑니다)."

 경악한 노인은 이가 몇 남지 않은 입을 크게 벌렸다. 동굴처럼 캄캄

한 입속이 훤히 보였다. 그는 70여 년 전 발리에서 태어나 지금껏 그곳에서 살아오면서 코모도 섬은 물론이고 발리 바로 옆인 숨바와나 플로레스 섬조차 가본 적이 없다고 했다.

"저는 발리에 도착하면 곧 롬복으로 건너간 후 그곳에서 숨바와를 거쳐 코모도로 갈 겁니다. 아니면 플로레스의 라부한바조까지 비행기로 가서 다시 배를 타고 서쪽 방향으로 거슬러 가 코모도에 닿을 수도 있겠지요."

나의 계획을 들으며 그는 점점 더 감탄했다. 코모도의 용이라는 말에 노인도 모험이나 전설, 동화와 같은 것을 떠올렸을까.

"Bapak,*아버지, 혹은 손위의 남성에 대한 존칭 Ke mana(아저씨는 어디에 가세요)?"

내가 불쑥 묻자 그는 꿈에서 깨어난 듯 잠시 멍해 있더니 어리둥절한 표정으로 나를 보았다. 눈을 몇 번 깜박인 노인은 별걸 다 묻는다는 듯한 얼굴로 심드렁하게 대꾸했다.

"Ke ruma(집으로 간다네)."

자카르타를 떠난 지 한 시간이 좀 더 지나 덴파사르*Denpasar. 발리의 주도(主都)로 응아라이 국제공항이 있다에 도착했다. 창 바깥은 컴컴해서 보이는 것이라곤 아무것도 없었다. 시간은 이미 자정에 가까웠다.

한 장의 사진

애정의 역사가 조그만 사진 한 장으로 시작되는 것은 아주 쉬운 일이다. 한 장의 사진이 나의 기억 깊숙한 곳에 서로 다른 시간으로 겹겹이 싸인 채 간직되어 있다. 비밀의 친구로부터 받은 한 통의 편지처럼.

꽤 오래전 일이다. 그 무렵 나는 스무 살을 몇 해 남겨두고 있었다. 그날은 토요일이거나 일요일이었고 동네 미장원 구석에 놓인 인조가죽 소파에 앉아서 차례가 돌아오길 기다리던 참이었다. 지독한 파마약 냄새가 코를 찔렀고 바닥에는 잘려나간 검정 머리칼이 여기저기 뭉텅이로 흩어져 있었다. 머리를 말리는 드라이어가 윙윙거렸다. 어디서나 볼 수 있는 작고 너저분한 동네 미장원으로 주말이면 항상 손님들로 북적거려 한참을 기다려야 했다. 무료함을 덜기 위해 두꺼운 여성지 과월호를 한 권 무릎에 놓고 뒤적거렸다. 그러다가 우연히 그 사진을 보게 되었다.

    그것은 상당히 아름다운 사진이었다. 나는 주로 이국적인 열대의 옥색 바다 풍경이나 근사한 호텔의 수영장 전경을 찍은 사진들에 정신을 팔곤 했는데, 잡지 속에서 발견한 그 사진은 풍경이 아니라 인물을 찍은 것이었다. 그늘진 골목 나무 벤치에 앉아 있는 두 노인의 모습을 극사실화처럼 풀샷으로 잡았다. 노인들의 갈색 얼굴은 더 이상 빈틈이 없을 만큼 주름으로 가득 차 아주 오래된 고목나무처럼 고상하고 진귀해 보였다. 1년에 하나씩 생기는 나이테처럼 얼굴의 주름으로 살아온 나날을 유추할 수 있다면 그들의 이야기는 책 몇 권으로 풀어 써도 부족한 드라마이리라. 비슷한 표정 때문인지 두 노인은 쌍둥이처럼 서로 닮았다. 내 눈길을 끈 것은 그들이 입고 있는 의상이었는데, 동남아시아인이라면 주로 벌거벗은 상반신을 상상하던 나에게 노인들이 걸치고 있는 화려한 옷들——제례 복장처럼 위엄 있는——은 어딘지 낯설고 기묘한 느낌을 주었다. 일상적인 복장이 아닌 듯 했다. 허리부터 발목까지 두른 사롱*sarong. 말레이 반도에서 많이 사용하는 의상의 한 형태로 직사각형 꼴의 커다란 천이다. 무명이 가장 흔하나 실크로 만들어진 사치스러운 것도 있다. 허리에 둘러 매듭을 지어 입는다 은 정교하고 독특한 무늬로 가득 차 있었고 머리에 두른 터번은 갈색 피부와 대비되어 눈이 부시도록 희었다. 귀 뒤에는 여자들이 하는 것처럼 조그만 하얀 꽃을 꽂고 있었다. 벌거벗은 발에 은으로 된 각종 장신구까지, 노인들의 모습에서는 어딘지 귀족적인 풍모마저 느껴졌다.

그 사진은 내 인식 속의 동남아와 전혀 달랐다. 물론 그 무렵 나는 동남아시아는 물론 어떤 외국에 대해서도 아는 바가 거의 없었다.

알지 못하는 것을 사랑하기란 아는 것을 좋아하기보다 훨씬 쉬운 일이다. 대학 입시를 앞둔 친구들과 나의 낙은 자유를 얻게 되면 하고 싶은 일들에 대해 끝도 없이 이야기하는 것이었다. 반복적인 생활에 지쳐 있던 우리들의 상상력은 가뭄이 계속된 논바닥처럼 말라붙어 소원들은 가끔 놀랄 만큼 소박해졌다. 제아무리 까다로운 미식가라 할지라도 장기간 굶주렸다면 푸아 그라나 캐비아와 같은 사치품보다는 쌀밥 한 공기나 빵 한 조각을 더 갈망하게 되는 것처럼.

"졸업하면 뭘 하고 싶냐고? 글쎄, 한 달이고 두 달이고 잠이나 푹 잘래. 마음껏 게으름을 부려보고 싶어. 빈둥거리는 생활에 완전히 싫증이 나서 제발 무슨 일이라도 자발적으로 하고 싶어질 때까지 아무것도 하지 않고 푹 쉬기만 하는 거야. 아무것도 하지 않는 것, 그게 바로 지금 내가 가장 하고 싶은 일이야."

충분한 휴식을 취한 후에는 무엇을 할까. 영화나 만화책을 실컷 보고 아르바이트를 해서 돈도 좀 벌어야겠다거나, 근사한 연애를 해보고 멋도 부려보겠다는 것쯤은 굳이 입 밖으로 꺼내지 않아도 모두 공통적으로 가지고 있는 바람이었다. 어딘가 낯선 곳에 가보고 싶어 하는 소망을 토로하는 친구들은 별로 많지 않았는데, 그것은 구체적인 소망이라기보다는 인간의 숨은 본능에 가까운 것으로 영화나 만화책, 휴식이나 연애에서 얻을 수 있는 즉각적인 쾌락보다는 조금 멀리 있는 듯 보였다.

그 무렵 내 소원은 외국 여행이었다. 자유의 몸이 되는 즉시 멀고 낯선 곳으로 가야겠노라고 결심했다. 나는 입시생이면 다들 그렇듯 아침 일찍 일어나 밤늦게야 잠자리에 들었고, 집보다는 교실에서 더욱 오랜 시간을 보냈으며, 하루 세 끼 밥을 먹을 때조차 공부 걱정 때문에 마음이 영 개운하지 못했다. 영원히 끝나지 않을 듯 지루하고 단조로운 삶에 절망한 상태로, 뭐든 마음을 쏟을 만큼 애정이 가는 것을 발견하게 된다면 안온하고 무감각한 이 생활을 당장 청산할 각오가 되어 있었다. 시간이 흘러가기만을 초조하게 기다렸다. 고등학교를 졸업할 때까지 내가 한 일의 대부분은 오로지 기다리는 것뿐이었다.

막상 대학생이 되고 보니 여행을 하고 싶다는 친구들은 많이 나타났다. 그들은 대개 유럽에 가보고 싶어 했다. 이를테면 프랑스나 이탈리아, 아니면 스위스나 독일 같은 나라들 말이다. 루브르나 프라도 미술관에 가서 레오나르도 다빈치나 피카소의 그림을 직접 본다면 근사할 것이다. 베네치아의 산마르코 광장을 산책하고 스위스의 알프스를 볼 수 있다면.

유럽을 동경하는 사람들이 너무 많았기 때문에 결국 나는 그 오래된 대륙에 흥미를 잃어버렸다. 그렇다면 어디를 갈까. 미국은 어쩐지 무미건조한 곳처럼 느껴져 싫었고 중동은 머리부터 발끝까지 검은 옷으로 몸을 감싸야 한다니 덥고 번잡스러울 것 같았다. 남극과 북극은 여행하기에는 지나치게 춥고 고생스러운 장소로 굳이 그런 곳을 가는 사람은 취향이 상당히 독특하거나 혹은 어떻게든 남보다 위대해지고 싶은 야심가일 듯했다. 아프리카와 남미, 카리브 해에 대해서라면? 나는 아직 상상할 수조차 없었다.

외국 여행의 다른 가장 큰 문제는 경비가 많이 든다는 것이다. 유치

원 시절부터 저금통에 푼푼이 돈을 모아왔지만 얼마 되지 않았다. 돈 걱정을 하다 보니 목적지는 비교적 가까운 몇 군데로 좁혀졌다. 다 갖지 못한다면 하나를 골라야 한다. 내가 가장 보고 싶은 것이 뭐더라? 아아, 연푸른 바다! 뜨거운 태양과 서늘한 바람, 평화로운 바다와 완전한 휴식은 어두침침한 교실 속에서 식물처럼 조용히 지내는 동안 상상으로 여러 번 그려본 것들이었다. 열대 바다라면 가까운 동남아시아에도 얼마든지 있다고 들었다. 그래서 우선 첫 여행지를 타이로 정하고 가이드북을 한 권 사서 틈틈이 읽은 결과 툭툭*시내 교통수단으로 사용되는 삼륜차로 택시에 밀려 점차 사라지고 있다 과 카오팟*타이식 볶음밥, 왓 프라케오, 푸껫과 코사무이에 대해 알게 되었다.

"난 동남아는 별로야. 가난하고 더럽다던데. 이왕 구경을 갈 거면 유럽이나 미국이 좋을 것 같아. 돈이 많이 들겠지만 여행 후 남는 것도 그만큼 많을 테니까. 하여튼 가능한 한 선진국으로 가는 편이 여러모로 유익한 여행이 되지 않을까?"

섭섭하게도, 나와 함께 동남아에 대한 관심을 나눌 친구들은 거의 없었다. 그곳에 대해 알려져 있는 사실은 물가가 싸다는 것과 해변을 낀 리조트들이 많다는 것 정도였다. 중국의 남쪽, 인도의 동쪽, 서울에서 비행기로 불과 몇 시간 거리에 있는 동남아를 문화적인 장소라고, 자연경관 이외의 것으로 사람들을 매혹시킬 수 있는 목적지라고 생각하는 사람은 없있다. 세계에서 가장 오래된 열대림이 있다든가 세계 최대의 불교 유적지가 있는 곳이 바로 동남아시아라는 것을 그 무렵 나는 알지 못했다.

역사는 아시아에, 문명은 유럽에, 돈은 미국에, 인간은 아프리카에,

여자는 남미에.

어느 책에선가 이렇게 읽었다. 그러나 단체 관광으로 타이를 다녀온 어른들은 이렇게 말했다.

"거긴 한국의 1970년대와 비슷해. 가난하고 지저분해. 물가가 싸긴 하지만 볼 것은 없지."

미용실에서 본 그 사진은 어딘지 이상했다. 상당히 문화적으로 보였던 것이다.

'신들의 섬.'

사진 아래 조그만 글씨로 이렇게 적혀 있었다. 지금 생각해도 정말 멋있는 사진이었다. 코를 바짝 대고 킁킁거리면 한 번도 맡아본 적이 없는 정밀(精密)하고 고상한 향기가 살며시 풍겨날 듯 근사했다. 내가 가보지 않고도 익히 알던 값싼 휴양지와는 상이한 느낌이 들었다.

고등학교를 졸업한 후 나는 오랜 소원대로 세상의 여러 곳을 구경할 수 있었다. 대학 시절에는 이렇다 할 취미도, 친구도, 장래 희망도 없었다. 열성적인 부모를 둔 두 명의 고등학생을 가르쳐 주머니가 제법 두둑했는데 그 돈을 차곡차곡 저금하거나 쇼핑에 쓰기보다는 모조리 여행을 위해 바치기로 일찌감치 결심했다. 어리고 건강하며 낙천적인, 어지간히 험난하고 궁색한 여행도 고생스럽게 느끼지 않던 아주

신들의 섬 the island of the gods   발리의 애칭으로 1년 365일 하루도 빠짐없이 섬 어딘가에서 수많은 힌두 신들에게 올리는 제례가 열리고 있다는 데에서 기인한 것이다. 13세기에 이슬람교가 유입된 후로 16세기경부터 주민의 대다수가 이슬람교로 개종한 인도네시아의 다른 지역과는 달리 발리 섬은 여전히 힌두교의 중심지로 남아 있다.

좋은 시절이었다. 술을 마셔도 구슬픈 생각이 들지 않았고 몇 킬로미터를 걷거나 헤엄쳐도 끄떡없었다. 처음으로 밟아본 외국 땅인 홍콩을 시작으로 타이와 말레이시아, 싱가포르와 대만, 일본과 중국을 차례로 여행했다. 대학생이라면 유럽 여행 정도에나 관심을 갖던 시절이었다. 2학년 여름방학에 나도 친구 한 명과 함께 유럽으로 떠났다. 길고 고생스러운 여행이었다. 내 몸의 반만 한 배낭을 메고 숙박비를 아끼기 위해 야간열차에서 웅크리고 잠을 잤고 식사로는 수도승처럼 매끼 빵과 물을 먹었다. 아침부터 저녁까지 두 발이 부르트도록 돌아다닌 덕분에 두 달도 채 안 되어 거대한 유럽을 일주하는 대과업을 달성할 수 있었다. 로마의 계단에서 달콤한 아이스크림을 핥았고 거대한 에펠탑을 조그만 손바닥 위에 올려놓고 기념사진을 찍었다. 나뿐만 아니라 모두들 그렇게 했다. 관광지 어디서나 비슷한 차림새와 일정의 한국 대학생들을 만날 수 있었다. 다들 똑같은 가이드북을 들고 삼삼오오 모여 다녔다.

"젊음, 낭만, 그런 미사여구는 다 집어치우라고 하시지. 서울에 돌아가면 다 불어버릴 거야. 여행이고 뭐고 고생만 죽도록 했다고!"

로마에서 여권과 돈을 모두 잃은 채 빈털터리 신세가 되어버린 남자 대학생이 이렇게 투덜거렸다. 해외여행자유화가 선포된 지 만 1년이 흘렀을 무렵이었다. 어딜 가나 시행착오가 난무했다. 그 후 유럽 배낭여행은 대학생들 사이에서 필수 코스처럼 되어버렸다.

시간은 점점 더 빨리 흘렀다. 학교를 졸업하고 친구들은 취직을 했고 나는 미국으로 유학을 떠났다. 친구들은 결혼을 했고 나는 아메리카와 아프리카를 여행했다. 얼마간의 시간이 더 흘렀다. 친구들이 승진을 하고 자식을 하나 아니면 둘 낳는 동안 나는 학교를 그만두고 프리랜서라는 미명의 가난뱅이가 되었다. 시간이 좀 더 흘렀다. 친구들의 동생이나 시동생들이 배우자를 찾는 동안 나는 내가 알지 못하던 세상을 헤매었다.

"말해봐. 왜 하필 혼자 여행을 하지? 특별한 이유라도 있나?"

고독한 여행자가 되고 만 근사한 이유를 대고 싶지만 사실은 적당한 동행자를 찾을 수 없었기 때문이다. 혼자 다니다 보니 눈과 귀가 밝아진 것이 좋은 일이라고 할 만했다. 세상에는 멋있는 곳들이 아주 많다는 것, 너무 많은 나머지 인생이 끝날 때까지 아무리 이를 악물고 돌아다닌다고 해도 도저히 다 볼 수는 없다는 것, 다 본다고 해도 그것은 결국 착각에 지나지 않는 자기만족이라는 것을 깨닫게 되었다. 이 세상이 내가 생각했던 것보다 넓다는 것, 그리고 모두 다 볼 필요는 없다는 것을 알게 된 것이야말로 그동안 내가 여행에서 얻은 가장 큰 소득이었다. 시간이 갈수록 많이 보는 것보다는 내가 좋아하는 것들을 보는 것이 더욱 중요해졌다. 근사한 자연과 문화, 친절한 사람들에 매료되어 예정보다 오래 머문 곳이 여럿 있었다. 이를 테면 타이 동북부의 치앙센, 치앙칸, 시 치앙마이, 팍촘 등 메콩 강가의 작은 마을들과 북부 치앙라이처럼 고요하고 평화로운 곳들. 좀 더 멀리서 찾자면 멕시코가 있다. 멕시코 남부 와하카나 카리브 해 연안 킨타나루에서 행복한 시간을 보냈다. 그 시절을 생각하면 지금도 나는 꿀통에 빠진 파리처럼 아주 행복해진다. 그렇게 좋은 곳은 몇 군데나 더 있었다. 콜롬비아의 조그만 식민도시 비야 데 레이바 같은 마을은 첫 발을 디딘 후 몇 시간도 채 지나기 전에 태어나고 줄곧 자란 고향처럼 정답게 느껴진

드문 장소다. 미얀마에는 세상에서 가장 친절한 사람들이 살고 있고 브라질의 남자들은 남미에서도 가장 섹시한 축에 든다. 아프리카는 돈만 넉넉히 있다면 언제든 다시 가고 싶은 지역이다. 거대한 주화처럼 크고 새빨간 태양이 수평선처럼 광활한 지평선 너머로 사라지는 풍경을 아직도 간혹 꿈속에서 만난다. 울음을 터뜨리지 않고 잠에서 깨어나는 것이 신기할 정도로 그곳이 너무 그립다.

여행을 하다 보면 아예 정착하여 살고 싶은 장소가 있는 법이다. 나는 시카고 외곽의 마을과 플로리다 중부의 조그만 대학도시를 한때나마 집이라고 부른 적이 있었다. 좋은 곳은 세상 어디에나 있었다. 샌프란시스코는 세계에서 가장 살고 싶은 도시를 꼽는 여론조사에서 부동의 1위를 지키고 있는 곳이고 내가 아는 사람들은 이미 몇 명이나 뉴질랜드로 이민을 떠났다. 푸르고 순결한 자연과 친절한 사람들이 있는 곳으로, 날마다 놀랍도록 싼 가격에 골프를 치며 유유자적 평화롭게 살 수 있다고 칭찬이 자자했다. 그러나 내가 돌아가고 다시 돌아간 곳, 그러고도 또 돌아간 곳은 한 군데뿐이다. 영원히 머물기 위해서 나의 집을 지어볼까 생각한 곳 또한 오직 한 곳뿐이었다.

소년들의 수음 대신 소녀들은 공상을 한다. 나는 그때 스스로 불행하다고 생각했고 행복해지기 위해 이런저런 궁리를 해보는 것이 즐거웠다. 자갈처럼 단단한 욕구불만으로 가득 차 당장에라도 가슴 어딘가 가장 연약한 부분이 터져나갈 듯한 상태였는데, 이 돌멩이들의 배출구는 공상이라는 조그만 창문 하나뿐이었다. 미장원 의자에 앉은 나는 그 사진을 오랫동안 들여다보았다. 고약한 파마약 냄새가 코를 찌르고 바닥에는 잘려나간 검은 머리카락들이 여기저기 흩어져 있었다. 정말 멋있는 사진이었다. 자유의 몸이 될 날을 초조하게 기다리고 있던 차에 이런 사진을 보면 뭐라고 말할 수 없이 안타까운 느낌이 들곤 했다. 감옥의 좁은 창살 틈으로 맑게 갠 푸른 하늘을 보는 것처럼. 교실에 앉아 칠판에 빽빽하게 적힌 하얀 수학 공식 위로 가보지 못한 곳의 풍경을 덧그려보았다. 종이 울리려면 아직도 영원에 가까운 시간이 남아있었다. 잘 닦지 않아 뿌연 먼지가 탁하게 낀 창문 너머로 목련 가지에 붙은 갈색 눈이 빗물을 머금고 부풀어 올랐다. 구령을 외치며 운동장을 도는 학생들을 향해 체육 선생님이 불어대는 호루라기 소리가 규칙적으로 들려왔다. 교실 시계의 분침은 지독히도 느리게 움직였고 하루가 다르게 커가는 내 육체는 조그만 책상과 걸상 틈에 갇혀 늘 어딘가 저릿한 상태였다. 이곳을 떠날 수만 있다면…….

인도네시아의 작은 섬에 처음 발을 디딘 것은 그로부터 십 년 가까이 시간이 지난 뒤의 일이다. 미장원에서 본 그 사진이 촬영된 곳은 바로 발리의 우붓(Ubud)이었다.

우붓에서 만난 두 소녀

세이렌이 사는 섬

용을 찾는 모험에서 내가 저지른 첫 번째 실수는 덫처럼 도사린 발리를 건너뛰고 곧장 누사뜽가라로 향하는 비행기 표를 구하지 못했다는 것이다. 지금 생각하면 이것은 치명적인 잘못이었다. 인도네시아의 수도 자카르타에서 비교적 오지인 누사뜽가라로 가는 직행 항공편은 1990년대 말 경제 위기를 겪으며 급격하게 그 수가 줄었다. 그러나 일주일에 한두 편 정도는 남아 있었으므로 미리 예약을 했더라면 표를 구할 수 있었을 것이다.

"비마든, 라부한바조든, 아니면 마우메레(Maumere)나 엔데(Ende)*
비마는 숨바와 섬에, 라부한바조와 마우메레, 엔데는 모두 플로레스 섬에 있는 도시들이다 같은 곳이라도 좋아요. 정 안되면 아쉬운 대로 마따람(Matarma)*롬복의 주도(州都)도 괜찮아요. 목적지가 어디라도 좋으니 발리를 거치지 않고 여기 자카르타에서 곧장 누사뜽가라 어디로든 날아가는 비행기는 없나요?"

나는 자카르타 공항 국내선의 조그만 창구에 일일이 머리를 들이민 채 애절한 표정으로 물어댔다.

"아, 그런 건 없다니까요. 일단 발리까지 간 다음에 거기서 다시 표를 사세요."

직원들은 뚱한 표정으로 이렇게 대답했다. 자카르타에서 누사뜽가라로 곧장 날아가는 비행기는 있지도 않을뿐더러 게다가 다 늦은 오후 시간인 지금 출발하는 항공편은 없다는 말이었다. 결국 내가 즉석에서 살 수 있었던 것은 발리행 티켓뿐이었다.

그래서 다시 발리로 왔다. 공항을 빠져나와 택시를 탔다. 어두운 길을 달리고 달려 깜깜한 바닷가를 지나 셔터가 내려진 크고 작은 가게들이 즐비한 뽀뻐즈 골목*꾸따 해변 근처에 있는 조그만 숙소와 가게들이 들어찬 유명한 거리로 들어서는 내내 나는 신통치 않은 표정을 짓고 있었다. 택시 기사는 계속해서 뒤를 돌아보며 말을 걸었다.

"마사지를 받고 싶지 않아요?"

"쇼핑은 어때요? 내가 잘 아는 가게가 있는데 지금 데려다 줄까요? 좋은 값을 쳐줄 텐데."

"싸게 잘해줄 테니 내일 이 택시로 일일관광을 하는 게 어때요?"

발리인들은 사랑스러울뿐더러 자부심이 매우 강한 사람들이다. 발리니즈(Balinese)들의 인간적인 매력과 예술적인 재능은 인도네시아 전역은 물론 먼 외국까지 널리 알려져 있다. 그러나 오늘날 발리에

바비굴링(Babi Guling)을 파는 노천 식당

우붓 시장의 간이 식당

사는 사람들 중에는 발리니즈가 아니라 자바 등 인도네시아의 타지에서 온 사람들이 상당수 섞여 있다. 언젠가 꾸따의 한 골목에서 지갑을 날치기당했을 때 내 주변으로 모여든 현지인들은 입을 모아 말했다.

"자바에서 온 놈이 분명해요. 우리 발리니즈는 아니라고요."

경찰서에 간 나는 경찰에게 내가 당한 일을 이야기했다.

"틀림없이 자바에서 온 놈일 거요. 우리 발리니즈들은 절대 그런 짓을 하지 않으니까."

택시 기사가 발리니즈인지 아닌지 얼굴만 보고는 알 수 없었다. 그러나 발리인이라고 해도 먹고 사는 문제의 해결이 급선무인 국가에서 태어나 자란 사람들인 만큼 덴마크나 노르웨이처럼 목가적인 국가 출신들과 같을 수는 없다. 기사는 다시 물었다.

"당신, 발리엔 처음 오는 거요? 아니면 두 번째?"

나는 창밖을 내다보았다. 이미 자정이 지나 거리에는 인적이 드물었다. 열린 창문 너머로 습기를 머금은 선선한 바람이 택시 안으로 들어왔다. 후각과 연결된 오래전 기억이 살아나기 시작했다. 공기 속에는 매연과 끄레떽*인도네시아 특유의 담배. 정향(clove)이 섞여 향기롭다의 냄새가 희미하게 섞여 있었다. 열대림에 쏟아지던 비가 멎은 후 풀 냄새가 풍기던 것이 기억났다.

숙소가 늘어선 골목은 조용하고 어두웠고 케이마트*K-mart. 발리에서 흔히 볼 수 있는 편의점 체인의 붉고 하얀 K 자 불빛만이 어둠 속에서 선명하게 떠올라 있었다. 오늘 하루를 바다에서 지낸 관광객들은 이미 잠이 들었을 시간이다. 꾸따의 파도에 시달리고 태양에 달아오른 몸을 이리저리 뒤척이면서.

다음날 아침은 아주 맑았다. 꾸따의 좁은 길을 달리는 자동차와 오토바이에서 뿜어 나온 매연이 듬뿍 섞인 공기가 코를 찔렀다. 고개를 들어 바라본 하늘은 새파랗고 드러난 팔에 와 닿는 햇살은 아침부터 날카로웠다.

발리는 변한 것이 별로 없었다. 식당들과 가게들의 겉모습이 좀 더 세련되어진 것 외에는. 세계 각국에서 날아든 외국인들을 받아들여 그들의 감수성과 문화의 용광로가 된 이 남국의 섬은 나날이 세련되어간다. 그 끝이 어딘지 알 수 없을 정도로. "트랜스포테이션(transportation)!"을 외쳐대는 운전기사들과 기념품 가게의 호객꾼들, 그 틈에 각양각색의 외국인들이 섞여 골목마다 다채로운 활기가 넘쳐흘렀다. 하체에만 천 조각을 걸친 채 커다란 서프보드를 이고 해변으로 향하는 근육질의 서양인 청년들, 얼굴에 하얗게 분을 바른, 또는 흑인에 가까울 정도로 살을 그을린 일본 여자들이 두 명씩 혹은 세 명씩 짝을 지어 또각또각 하이힐 소리를 내며 좁다란 강*gang. 골목이라는 뜻의 인도네시아어 을 지나다녔다. 하수도 공사로 파헤쳐진 길모퉁이에는 신을 위해 바쳐진 소박한 사각 풀 접시의 아침 공물들이 이미 동네 개들의 주둥이와 오가는 행인들의 구둣발에 엉망이 된 채 뿔뿔이 흩어져 있었다.

우선 코모도로 가는 비행기 표를 구해야 했다. 꾸따레기안 거리는 식당과 숙소, 상점들 사이로 크고 작은 여행사가 많이 있었다. 눈에 띄는 곳 몇 군데에 들어가 비행기 표에 대해 물어보았지만 예상과는 달리 싼 표를 구할 수가 없었다.

"비행기 표 값이 너무 비싸다면 버스를 타지 그래요? 배와 버스를 번갈아 타고 비마까지 가는 것 말이에요."

좀 더 싼 라부한바조행 항공권이 없냐는 나의 물음에 직원은 답답하다는 듯 말했다.

"배와 버스를 타라고요? 그건 너무 시간이 오래 걸려요. 꼬박 사흘은 걸리잖아요."

나이가 들면서 버스 여행을 피하게 된 것은 내가 가진 시간의 상대적 가치가 상승했기 때문이다. 학생 시절 나는 돈을 아끼기 위해 육로나 해로를 따라 길고 긴 이동을 감행하곤 했다. 브라질처럼 거대한 국가에서 50시간의 버스 이동은 영원처럼 느껴지는 긴 시간이었다. 스무 시간이나 서른 시간 버스나 기차, 배를 타야만 했다. 자고 자고 일어나도 아직도 그날이던 시절이 있었다. 긴 낮잠 후 어슴푸레한 석양빛을 동트는 아침으로 착각하고 허겁지겁 책가방을 찾던 어린 시절. 그러나 이제 나의 하루는 더 이상 예전처럼 길지 않았다.

"그럼 며칠 더 기다려보지 그래요? 프로모션으로 싼 비행기 표가 나올 때가 되었는데."

여행사 직원의 조언에 따라 나는 보다 값싼 비행기표가 나오기를 기다리며 발리에서 며칠 머물기로 했다. 이것이 내가 저지른 두 번째 실수였다. 물론 이 아름다운 섬에 머물러야만 하는 이유는 언제 어디서든 어떤 수를 써서라도 찾아낼 수 있다. 내 머릿속 어딘가에는 "발리에서 며칠 머물 이유"라는 이름이 붙은 드넓은 정원이 있어서 얼마든지 취향대로 마음에 드는 핑계의 꽃을 골라서 딸 수 있을 정도였다. 싼 비행기 표가 없어 당장 발리를 떠날 수 없다니, 변명이다.

그리운 꾸따비치(Kuta Beach)에 다시 섰을 때, 마지막으로 봤을 때와 다름없이 힘찬 관성으로 해안가를 향해 거세게 밀려드는 군청색 바다를 마주했을 때, 한시라도 빨리 코모도로 향해야 한다는 결심은 어느새 약해지고 있었다. 시간의 가치를 헤아리는 이성도 마찬가지였다. 초조함은 내 발아래 하얗게 부서지는 파도와 함께 부글부글 거품처럼 사라져버렸다.

바닷가로 돌아오다

　그래서 나는 다시 발리에 왔다. 벌거벗은 발과 어깨에 따가운 햇살이 느껴지고 자외선 차단제와 올리브 오일의 기름진 냄새가 옛 기억을 자극했다. 눈앞에는 광활한 바다가 있고, 그 앞에 선 나는 아무것도 하지 않아도 좋은 자유가 있었다. 바다를 싫어하는 인간은 아무도 없다.
　개발이 될 대로 되어버린 관광지의 유일한 미덕이라면 지금보다 나아지기는 힘들지만 더 이상 나빠질 것 또한 거의 없다는 점이다. 내 눈에 꾸따비치는 언제나 똑같았다. 사람들로 북적거리고 유쾌한 웃음소리와 고함 소리, 모든 것이 온통 한데 뒤섞여 뭐가 뭔지 구별하기 힘들었다. 개축이나 증축, 혹은 신축을 통해 호텔들과 식당들의 모습이 조금씩 바뀌었지만 전체적인 풍경에 영향을 줄 정도로 대단한 변화는 더 이상 일어나기 힘들다. 꾸따 해변에 면한 도로는 각종 건물들과 사람들로 포화 상태가 된 지 이미 오래였다.

내 기억에 남은 것과 다름이 없는 오후였다. 발리 남단의 투반비치(Tuban Beach)는 북쪽으로 올라가면서 그 명칭이 꾸따비치로 변하게 된다. 꾸따는 이보다 더욱 북쪽으로 이어진 레기안비치(Legian Beach)와 함께 광활한 해안선이 몇 킬로미터나 뻗어 있는 발리 섬의 주(主) 해변이다. 직선으로 곧게 뻗은 해안선에 군청색 커다란 파도가 몰아치는 남성적인 바다로 20세기 중반 이후부터 히피 트레일*hippie trail. 20세기 중반 이후 서구의 히피들이 주로 이용한, 서아시아에서 동남아시아를 거쳐 호주로 이어지는 여행 경로의 일부로 편입되며 세계의 젊은 서퍼들을 매혹시켰다. 수영하기엔 위험스럽지만 파도를 타기에는 아주 훌륭한 바다다. 인도네시아에는 서핑에 좋은 바다들이 많지만 가장 유명한 해변은 역시 꾸따비치이다. 규칙적인 간격으로 밀려드는 거대한 파도 속으로 서프보드를 발목에 매단 청년들이 힘차게 헤엄치고 있었다. 열대의 태양에 온종일 달궈진 모래는 발바닥을 데일 듯 뜨거웠지만 바닷가 옆에 세워진 은빛 외관의 맥도날드 안은 몸이 떨릴 정도로 에어컨이 돌아가고 있었다.

꾸따는 거대한 해변이다. 사람들을 구경하기에 아주 그만인 곳이다. 해변을 점령한 사람들은 대략 두 부류로 나눌 수 있다. 한 그룹은 행복하며 다른 그룹은 고단하다. 고단한 사람들은 외국인 관광객을 상대해서 살아가는 현지인들로, 온갖지머 색색의 사롱, 엽서와 목각 제품 등 소소한 기념품을 팔거나 소다와 스낵 등 음식물을 판매하는 장사치들이다. 유형의 재화보다는 노동력을 파는 사람들도 있다. 마사지를 해주거나 외국인들의 손과 발에 매니큐어과 페디큐어를 칠해주고 살아가는 여자들이 바로 그들이다.

"Braid your hair(머리 땋아드립니다)!"

세상의 어디보다도 싼 값에 머리를 땋고 구슬을 달아주는 여인네들도 보인다.

행복한 그룹에 속한 운 좋은 사람들은 관광객들이다. 드넓은 백사장에서 프리스비*놀이용 플라스틱 원반를 던지며 즐겁게 뛰어노는 호주 청년들, 비슷비슷한 화장과 노랗게 염색한 머리로 선탠을 즐기는, 원색의 비키니 때문에 자매처럼 꼭 닮은 일본 여자들, 그늘에 누워 나른한 표정으로 마사지를 받고 있는 거대한 체구의 백인들…….

발리의 제1해변인 꾸따는 아무리 좋게 말해도 아름답다고 할 만한 해변은 못 된다. 파도는 너무 크고 거칠며 물빛은 짙푸르고 불투명하다. 꾸따의 모래는 사람들이 흔히 꿈꾸는 열대 낙원의 이상을 충족시켜주기에는 지나치게 굵고 노르스름하다. 해안을 따라 푸른 야자수보다 장사치들과 관광객들이 훨씬 더 많은 혼잡스러운 곳이다. 꾸따보다 더 아름다운 해변이라면 타이나 말레이시아, 하다못해 괌이나 사이판을 가도 흔하게 볼 수 있다. 타이의 푸껫이나 코사무이는 순결한 백색 모래와 투명한 물을 가진 해변으로 유명해진 섬들이며 말레이시아의 동해안은 몇 킬로미터를 가도 가도 외국인 관광객을 한 명도 찾아볼 수 없는 연푸른 해안선이 끝도 없이 이어진다.

그러나 꾸따는 여전히 동남아시아에서 가장 유명한 해변이다. 이곳의 특징이라면 동남아의 그 어느 해변보다도 더욱 남성적인 해안선, 그리고 직선적인 바다와 격렬한 대비를 보이는 서정적인 일몰 풍광에 있다. 오래간만에 옷을 벗고 꾸따비치에 섰을 때, 달려드는 매니큐어걸들

과 마사지 아줌마들을 뿌리치고 높은 파도가 가득한 바다 앞에 똑바로 섰을 때, 나는 더 이상 멀고 먼 코모도에 대해서 생각하고 있지 않았다. 나의 맨발은 노란 모래 속으로 점점 깊숙이 빠져들어갔다. 검푸른 바다 먼 곳에서 흰 파도가 연달아 밀려와 내 발 바로 앞까지 부글거리는 거품을 남기고 다시 먼 곳으로 물러나갔다.

    석양이 가까워지자 드넓은 해변은 어디선가 모여든 사람들로 빈틈없이 꽉 들어찼다. 다들 가장 편한 자세로 앉거나 누워서 바다를 바라보았다. 석양 구경은 꾸따비치에서 매일처럼 벌어지는, 관광객들에게

기억을 완성하기 위하여 39

는 발리의 다른 지역에서 벌어지는 제례 못지않게 중요한 성스러운 의식이다. 인도네시아의 본토에서는 해거름에 모스크로부터 들려오는 무에친*이슬람교 사원에서 기도 시간이 되면 확성기를 통해 기도문을 외치는 사람들의 소리를 듣고 기도 시간을 알게 되지만 발리의 사람들은 서쪽 하늘에서 짙어지는 석양빛을 보고 경건함을 되찾는다. 해가 질 무렵이면 발리의 다른 곳에서 헤매던 사람들도 절대자로부터 부름을 받은 듯 서쪽 바닷가로 하나 둘씩 모여든다. 드넓은 해변과 바다는 자연의 의식을 위한 캔버스로 사람들은 그 방향을 향해 일제히 돌아선다. 수평선 위에 뜬 조그맣고 동그란 태양, 점차 아래로 가라앉으며 빨간색으로 바뀌어 간다.

    나는 최면에 걸린 듯 그대로 서 있었다. 태양 주변의 바다와 하늘이 불그스름한 색깔로 물들 때까지. 붉은빛이 탁한 청회색으로 변할 때까지. 바닷가를 거니는 사람들이 완전한 검은색의 역상으로 떠오를 때까지 그 자리에서 움직이지 않고 서 있었다. 꾸따비치의 모든 것이, 파도 거품과 그 속에서 헤엄치는 서퍼들, 바다를 향한 사람들의 뺨이며 손등까지 붉은색으로 물들었다. 그러나 모든 것이 아주 잠시뿐이다. 곧 시들어가는 붉은 햇빛이, 먼 바다에서 불어온 바람이, 바람에 밀려온 어둠이 차례대로 거대한 해변을 뒤덮었다. 모래에 누워 있던 사람들은 하나 둘 일어나 소리 없이 해변을 떠났다. 야자수 아래 웅크린 장사치들도 자리를 접기 시작했다. 오늘 장사는 이것으로 그만이다. 저 멀리 암회색 하늘 아래 검푸른 바다가 가라앉고 있었다. 바람이 거세진다. 파도 소리가 점점 더 커졌다. 일몰은 끝났다. 집으로 가야 할 시간이다.

꾸따 해변의 일몰

따르따강가에서

　이 섬에 없는 것이라면 뭐가 있을까.

　발리는 아시아 최대의 휴양지이자 관광지이다. 이곳에 비견할 만한 동남아의 휴양지라면 타이의 푸껫 정도뿐이다. 동남아에서 가장 관광화가 이루어진 국가라면 단연 타이겠지만 타이 어디에도 발리보다 더 많은 호텔과 위락 시설을 가진 리조트 지역은 존재하지 않는다. 발리에서 제일 번화한 남부의 꾸따와 레기안 지역으로 말하자면 동남아시아 여행의 메카로 알려진 방콕의 카오산 거리(Kaosan road)의 서너 배 이상 가는 규모로 여행자들을 위한 모든 것을 갖춘 거대한 만물상과도 같다. 이 풍요로운 섬에서 찾아볼 수 없는 것은 오직 하나, 흰 눈이 쌓인 스키장 정도일 것이다. 세계 각국의 관광객들이 몰려드는 꾸따와 레기안, 스미냑 거리에 즐비한 식당만 해도 한국 식당에서부터 일식, 중식, 베트남과 타이의 동양음식, 햄버거, 프라이드치킨, 도넛 등의 패스트푸드, 뉴질랜드산 스테이크에 호주산 와인, 브라질식 고기 뷔페에서 그리스, 이집트, 모로코와 레바논 식당까지 골고루 갖추고 있다. 다양한 것은 식당뿐만 아니라 이 섬이 보여주는 경관도 마찬가지다. 예를 들어 해변만 해도 가지각색이다.

> 하얀 백사장에 잔잔한 옥색 물이 고요히 찰랑이는 서정적인 해변
> 새까만 모래로 온통 뒤덮인 색다른 해변
> 가느다란 모래 대신 둥근 자갈이 가득 깔린 지중해식 해변
> 집채만 한 파도가 잇달아 몰려드는 남성적인 해변

해변에 지친 사람들에게는 산이 기다리고 있다. 고도가 높긴 하나 열대 특유의 온화한 날씨 때문에 등반이 그다지 어렵지 않은 산들이다. 해변과 산, 그리고 또 무엇이 있을까.

발리가 가진 가장 진귀한 풍경은 아름다운 농촌 지역으로, 이는 산도 아니요 해변도 아니지만 그들 모두와 맞닿아 있는 중간 지대다. 온통 화산재로 뒤덮인 덕분에 세계의 어느 섬보다도 풍요로운 토양을 가지고 있는 발리 섬은 드넓은 인도네시아 전체에서도 손꼽히는 곡창지대*자바, 발리, 롬복 등 세 개의 섬은 전 세계적으로 가장 비옥한 토양을 가지고 있는데 이것은 계절풍에 의한 정기적인 강우와 여러 화산들의 폭발로 인한 화산재에 힘입은 것이다. 면적이 잉글랜드만큼도 안 되는 자바섬에만 무려 1억이 훨씬 넘는 인구가 살고 있다로 척박한 북

동부 지역만 제외하고는 대부분 개간되어 있다. 발리 곡창지대의 핵심을 이루는 것은 중부와 동부의 농촌 지역이다. 파릇파릇 올라오는 푸른 모로 뒤덮인 논들은 지층의 결을 따라 세심하게 조각된 것처럼 발리의 산과 평야를 지나며 층층이 계단을 형성해 높아지거나 낮아진다. 색이 조금씩 다른 푸른 조각보를 정교하게 기워서 만든 것처럼 반듯반듯 네모지던 논들은 산기슭을 만나면서 위로, 위로, 조금씩 높이를 달리하며 조형미 넘치는 층계를 형성한다. 이것이 바로 발리의 농촌을 찍은 사진에 자주 등장하는 계단식 논(rice paddy)의 모습이다. 세계에서 가장 유명한 계단식 논이라면 필리핀 중부 산간지대의 비경 바나우에*Banaue. 필리핀 루손(Luzon) 지방에 있는 산간 마을로 고대에서부터 내려오는 조형적인 계단식 논으로 유명하다. 바나우에에 있는 계단식 논의 길이를 모두 합산하면 지구를 한 바퀴 돌고도 남는다고 한다. 세계의 7대 불가사의 가운데 하나로 꼽힌다를 꼽겠지만 발리의 논 풍경 또한 그림처럼 아름답고 서정적이다.

"논이라면 사실 별것도 아닌데, 그래도 참 아름답단 말이야."

나는 발리를 방문한 적이 없는 친구에게 이렇게 말했다.

"보고 있으면 말할 수 없이 평온한 느낌이 들거든."

정말 그랬다. 논을 보는 것은 바다를 보는 것과는 전혀 다른 감상을 불러일으켰다. 햇빛을 받아 밝은 녹색으로 빛나는 싱싱하고 아름다운 경치를 보고 있노라면 머지않아 마음이 편안해졌다. 이러한 계단식 논의 풍광은 잘 가꾸어진 꽃밭이나 풀밭처럼 단지 눈을 즐겁게 하기 위한, 아름다움 그 자체를 위한 아름다움이 아니라 주린 배를 부르게 해줄 풍요로운 벼이삭의 모체가 될 것이라는 흐뭇한 상상이 보는 이의 마음을 평화롭게 해주었다. 냄비 속의 라면이 하얀 김을 내뿜으며 끓는 것을 바라볼 때 인간은 저도 모를 희망에 차오르는 법이다.

녹색의 계단식 논을 보기에 가장 좋은 곳이 바로 발리 동부에 위치한 농촌 띠르따강가(Tirtagangga)다. 아름다운 물의 궁전이 있는 조그만 마을로 온통 초록빛 논으로 뒤덮여 있다. 물의 궁전은 논 한가운데에 있기 때문에 멀리서 보면 마치 눈부신 초록의 바다에 떠 있는 작은 섬 같다. 회색빛 도시에서 나고 자란 나에게 초록빛은 콘크리트와 시멘트의 보색처럼 눈부셨다. 띠르따강가는 발리의 전형적인 농촌으로 최근 몇 년 사이에 외국인들 사이에서 급속도로 인기를 끌기 시작한 아름다운 마을이다. 여행자들을 위해 여러 개의 숙소와 식당들 이외에도 인터넷 카페 한 곳이 생겨났다. 시간의 흐름을 거스를 수 있는 것은 아무것도 없다. 소년은 동정을 잃고, 처녀는 부인네가 되고, 아름다운 곳은 결국 세상에 알려지기 마련이다. 띠르따강가 현지인들의 표정과 눈빛은 이미 꾸따 상인들을 닮아가기 시작했다. 관광화의 유일한 장점을 꼽자면 버스가 내리는 곳에 진을 치고 있는 삐끼들 덕분에 숙소를 찾아 헤맬 걱정은 하지 않아도 된다는 것이다. 버스에서 내린 나는 5분도 지나지 않아 찾아가려던 숙소 주인의 동생이라는 남자와 마주쳤다.

"20달러만 내. 원래는 25달러야. 하지만 당신은 특별히 20달러로 해주지. 정 비싸다면 17달러까지는 깎아줄 수 있어. 하지만 그 이하로는 절대로 안 돼요."

그는 허겁지겁 이렇게 제안했다. 자기 오토바이에 태우고 하루 관광을 시켜주겠다는 것이다. 발리에서 오토바이를 하루 종일 빌리는 값

띠르따강가 물의 공원

계단식 논 풍경

이 사오 달러 가량이라는 것을 감안할 때, 그리고 띠르따강가의 물가 수준이 아직 꾸따나 우붓에 닿으려면 시간이 좀 더 필요하다는 것을 감안할 때 꽤 대담한 제안이 아닐 수 없다. 현지인의 순수함이라는 것이 돈에 대한 무관심을 일컫는 것이라면 띠르따강가의 농부들, 그리고 대부분의 발리인들은 이미 오래전에 순수함을 잃어버렸다. 그러나 그 기준대로라면 그들이 순수했던 적이 여태 단 한 번이라도 있었을지 의문이다. 돈에 전혀 관심이 없는 사람이라니, 인간이 살아가기 위해서 밥을 먹어야 하고, 돈이 있어야 쌀을 살 수 있는 이상 돈에 전혀 관심이 없는 인간이란 도저히 존재 불가능한 이상일 따름이다. 그렇게 기묘하고 고상한 존재가 현재 지구상에 얼마나 남아 있을까. 시베리아 호랑이보다도 적은 숫자가 아닐지.

띠르따강가에서 내가 머문 민박집은 언덕 꼭대기에 있었다. 버스가 멈추는 곳에서는 좀 멀지만 이 마을이 자랑하는 계단식 논을 감상하기에 이보다 더 적합한 곳은 없을 것이다. 조형적인 푸른 논들을 마음껏 굽어볼 수 있는 위치였다. 내 방 앞 오롯하게 자리잡은 뜰에는 야자나무 사이로 붉고 흰 부겐빌레아가 흐드러지게 피어 있고 주인의 사촌이 동티모르에서 데려왔다는 원숭이가 한 마리 매여 있었다.

"조심해요. 깨물지도 모르니까."

아침 식사로 나온 바나나 조각을 들고 원숭이와 장난치는 나를 향해 민박집 주인인 게데*발리인은 이름이 네 가지뿐이다. 첫째는 게데(Gede) 또는 와얀(Wayan), 둘째는 마데(Made) 또는 카덱(Kadek), 셋째는 뇨만(Nyoman) 또는 코망(Komang), 넷째는 끄뚯(Ketut), 다섯째부터는 첫째의 이름이 다시 되풀이된다가 말했다.

그는 민첩하고 영리하게 생긴 서른 살쯤 된 남자로 외국인을 상대해서 살아가는 대부분의 발리인들처럼 외국인 지인의 돈을 빌려 민박집을 짓고 사업을 하는 참이었다.

  작지만 아름다운 이 띠르따강가의 민박집은 인터넷에 홈페이지를 가지고 있었다. 몇 장의 사진이 올려져 있고 다음과 같은 광고성 문구가 적혀 있었다.

띠르따강가, 게데의 집

편안하고 저렴한 홈스테이
현대적인 설비의 청결한 숙소로 화장실이 딸려 있음
푸짐한 아침 식사 포함. 물의 궁전에서 도보로 10분 거리
계단식 논을 볼 수 있는 최적의 장소
주인인 게데는 친절하고 명랑한 발리니즈로 유창한 영어로 의사소통이 가능
최신식 기장*Kijang. 도요타에서 생산한 4륜 구동의 지프차로 발리 각 곳으로 일일 투어를 할 수 있음(가격 절충 가능)

대부분이 사실이었다. 1980년대 후반에 생산된 자동차를 최신식이라고 말한 것은 지나친 미사여구였지만, 광고란 모름지기 언제나 과장되기 마련이니까.

"당신이 혼자 왔으니까 깎아주는 거요. 지금은 성수기라 그것보다는 훨씬 더 받아야 한단 말이에요. 아시다시피, 발리 섬은 모든 것이 점점 비싸지고 있거든요. 쌀이며 기름이며, 하여튼 이렇게 싸게 손님을 받아서는 먹고 살기 힘들어요. 저기 산등성이에 민박집 하나 보이지요? 저기는 우리집과 시설도 별 차이 없는데 숙박비를 두 배는 더 받고 있어요. 하여튼 당신은 예외로 싸게 재워주는 거니까 절대 다른 사람에게는 소문내면 안 돼요."

예상보다 비싼 숙박비를 부르는 게데에게 내가 인터넷에서 본 가격을 이야기하자 그는 억울하다는 표정으로 값을 깎아주었다.

"그게 뭐예요?"

민박집에서 부엌일과 청소를 맡고 있는 소녀가 방 앞 의자에 앉아

일광욕을 하고 있던 나를 향해 조심스럽게 물었다. 게데의 처조카라는 열일곱 살 먹은 처녀로, 이른 아침부터 싸리비를 들고 다니며 부지런히 집과 뜰 곳곳을 소리 내어 빗질했다. 덜 자라 키가 내 어깨에 미칠까 말까 했는데 통통하고 매끄러운 두 뺨에는 아직 어린애다운 티가 듬뿍 남아 있었다. 그때 나는 막 손등에 SPF 43의 선크림을 바르던 참이었다. 태어난 이래로 항상 원하는 것 이상으로 열대의 햇볕을 쬐고 살아온 소녀로서는 이방인의 부질없는 행위를 이해할 수 없을 것이다.

"이건 일종의 피부약이야. 난 피부가 너무 민감해서 태양 빛에 오래 노출되면 안 된단 말이야. 이걸 꼭 발라줘야 해."

내 거짓말에 소녀는 신기한 듯 나와 내가 손에 들고 있던 선블럭을 번갈아 들여다보았다. 그리고 옆 탁자에 잔뜩 늘어놓은 각종 화장품들도. 낡은 반소매 아래로 드러난 소녀의 두 팔, 슬리퍼를 꿰고 있는 맨발, 땀이 맺히기 시작한 둥근 이마, 그리고 끝이 닳아 뭉툭해진 싸리비를 잡고 있는 통통한 손등은 모두 균일한 구리빛이었다. 태어날 때 어떤 색깔이었는지, 그 후 대체 얼마나 그을린 것인지 구별이 불가능한 완전한 갈색. 호기심에 찬 얼굴의 소녀에게 조그만 향수를 하나 선물했지만 보다 못한 내가 직접 뚜껑을 열어 코로 그 냄새를 맡게 해줄 때까지 순진한 그녀는 작고 투명한 유리병에 담긴 황금빛 액체의 용도를 몰라 어리둥절해했다.

"아, 꽃 냄새!"

소녀는 마침내 조그맣게 탄성을 질렀다. 그 말이 맞았다. 그것은 발리에서 아주 흔한——가히 이 섬의 상징이라고 할 만한——하얀 프란지파니(frangipani)의 향기였다. 맑은 바람을 타고 살며시 코를 통해 들어와 부드러운 안개처럼 뇌를 감싸는 발리 섬 특유의 하얀 꽃 향기. 유리병에는 그 향과는 그다지 어울리지 않는 제조 회사와 향수 이름이 금빛으로 찍혀 있었다.

Versace, Blonde.

띠르따강가에서 시간은 평온하게 흘러갔다. 나는 많이 자고, 조금 먹고, 낮에는 숙소의 소녀와 인도네시아어를 연습하고 아침과 저녁에 해가 약해지면 물의 궁전으로 내려와 헤엄치는 아이들을 바라보며 앉아 있거나 논 사이로 난 둑 위를 이리저리 비틀거리며 걸어다녔다. 헬로! 하고 동네 아이들이 수줍은 표정으로 담장 뒤에 숨은 채 외국인을 향해 소리쳤다. 어디에서 왔어요? 좀 더 대담한 꼬마들은 용기를 내어 내 앞까지 쪼르르 달려 나와 기대에 찬 눈빛으로 나를 뚫어져라 올려다보기도 했다.

"이름이 뭐예요?"

숙소로 돌아가기 위해 비탈진 산길을 걷고 있던 나는 아주 작은 소녀 한 명과 마주쳤다. 가까운 사원에서 제례가 있는지 전통 의상을 완벽하게 갖춰 입은 어린 여자아이였다. 대여섯 살이나 되었을까, 금빛 수가 놓인 사롱으로 가냘픈 허리를 꽉 조이고 검고 윤기 나는 머리는 한 올도 남김없이 하나로 틀어 올려 빨간 꽃을 꽂았다. 레공(Legong) 댄서 특유의 선명한 눈 화장을 입힌 조그만 얼굴이 인형처럼 예뻤다.

"이름이 뭐예요?"

소녀는 수줍은 기색도 없이 방울 소리처럼 맑고 선명한 음성으로 이렇게 물었다. 낯선 발음의 내 이름을 듣고 어리둥절해하지도 않았다. 그럴 줄 알았다는 듯 조그만 고개를 까닥일 뿐이다.

"한국이 어디 있는지 아니?"

소녀는 당돌한 얼굴로 고개를 잘래잘래 저었다. 여전히 나를 뚫어지게 바라보면서.

"너는 레공 댄서로구나?"

내가 묻자 소녀는 다시 조그만 턱을 까닥거렸다. 과연 한눈에도 레공 댄서다웠다. 발리의 레공 댄서들은 매우 아름다운 여자들이다. 코르셋처럼 우아하게 몸을 죄고 있는 화려한 사롱과 저고리 때문인지 아니면 어릴 때부터 혹독하게 훈련된 정교한 몸가짐 때문인지 그들은 흡사 발레리나만큼이나 가늘고 여성적인 자태를 자랑한다. 진한 화장과 과장된 미소 때문에 경극 배우처럼 보이기도 하지만. 가느다란 팔과 허리, 볼륨이 강조된 가슴과 엉덩이, 대담하고 유혹적인 표정까지, 레공 댄서는 발리니즈 여성의 아름다움을 극대화시킨 본보기와도 같은 존재들이었다.

우붓 근처의 쁠리아딴(Peliatan)은 춤의 마을로 이곳 외에도 춤은 발리 곳곳에서 행해지고 배워진다. 발리의 소녀들은 아주 어린 나이부터 춤을 배우는데 그중 재질이 뛰어난 몇몇은 직업적인 댄서가 되어 특급 호텔 공연은 물론 머나먼 외국까지 순회공연을 떠나기도 한다. 발리의 특급 호텔이나 대형 식당에서 상업적 공연을 하는 무용단 외에도 마을마다 주민 단위로 조직된 무용단이 있어 경조사가 있을 때마다 마을을 위해 춤을 추고 가믈란 등 악기를 연주한다. 띠르따강가의 조그만 소녀는 내 부탁에 의례적인 손동작 몇 개—그리고 눈동자를 이리저리 움직이는 레공 댄스 특유의 멋진 표정도──를 취해 보였고 내가 언덕을 넘어갈 때까지 그 자리에 오뚝 선 채 조그만 손을 흔들어 주었다.

물기가 뚝뚝 떨어질 듯 온통 풍요로운 녹색으로 뒤덮인 마을이었다. 푸른빛이 뿜어내는 잔향은 금빛 태양이 먼 산 너머로 떨어지고 컴컴한 어둠이 찾아와도 사라지지 않았다. 어두워지니 초록빛 사이에 숨어 있던 소리가 들리기 시작했다. 나는 민박집 내 방 앞 의자에 앉아 별빛 아래 들려오는 풀벌레와 개구리들의 합창에 귀를 기울였다. 자세히 들어보면 십여 가지 이상으로 구분할 수 있는 소리였지만 뛰어난 오케스트라가 늘상 그렇듯 악기 간에 완벽한 조화를 이루고 있었다. 자연의 연주는 달빛이 사라진 새벽녘까지 줄기차게 계속되었다. 산책의 힘인지 나는 매일 밤 그 요란한 소리를 잠깐 듣다가 이내 약이라도 먹은 것처럼 곯아떨어지곤 했다. 창밖이 조금씩 밝아오고 이윽고 첫 번째 닭 울음소리가 들릴 때까지. 목청 높여 길게 빼는 그 소리를 기다렸다는 듯 이웃집 수탉들이 모두 일제히 울어대기 시작한다. 처절한 닭 울음소리. 발리 어디서나 아침은 늘 이렇게 시작된다.

조용한 시골 마을 띠르따강가에서 나는 무엇에 홀리기라도 한 것처럼 유유자적하며 지냈다. 짙푸른 논 사이로 난 두렁길을 거니는 동안 바다 건너 용이 사는 섬에 대해서는 거의 생각하지 않았다. 코모도라니, 지구 반대편처럼 멀게 느껴졌다. 물기를 잔뜩 머금은 풀잎에서 풍기는 냄새가 상쾌했고 머리칼에 와 닿는 신선한 바람도 마찬가지였다. 바다 건너 먼 곳에서 시작된 차가운 바람은 마을을 둘러싼 드넓은 논을 나직하게 스치고 날아오는 사이 격렬하고 낯선 모험의 냄새를 잃고 말았다. 사방 어디를 둘러보아도 눈에 들어오는 것이라곤 유순하고 평화로운 녹색뿐이었다. 이곳을 떠나고 싶지 않았다. 사실, 드래곤을 닮은 대형 도마뱀을 보기 위해 거친 바다를 건너 누사뜽가라 한가운데까지 허위허위 찾아간다는 계획 자체가 약간 우스꽝스럽게 여겨지기 시작했던 것이다.

인도네시아와 주변 국가들

우붓의 논길에서 만난 할머니와 손자

2

여행의 기술

고구마처럼 생긴
수마트라

    나의 친구 모모 양이 어느 학회에서 만난 학자를 사귀기 시작했는데, 그 사람의 가을부터 겨울까지 복장이 늘 갈색 터틀넥 스웨터에 검은색 모직 바지라고 했다. 문제는 그가 이메일을 보내왔는데, 한구석에 조그맣게 떠 있는 화신의 모습조차 갈색 터틀넥에 검은 바지를 단정하게 입고 있더라는 것이다. 상황이 이렇다면 그 남자가 프랑스어로 갈겨써 보내는 아름다운 연시조차 관습적인 작문에 지나지 않는 것이 아닐까 불안해지지 않을 수가 없다. 돈이 없거나 치장에 도통 관심이 없어 1년 내내 똑같은 옷을 입는 것은 얼마든지 괜찮지만 웃자고 존재하는 아바타마저 환상의 여지가 조금도 붙어 있지 않은, 척박한 현실에서 단 한 치도 벗어나지 않는 규격화된 모습이라면 그것은 어딘지 조금 슬픈 일이다. 상상으로 조합해 낸 화신이나마 가죽 속옷을 입고 쇠끝이 달린 채찍을 들고 있는 귀여운 모습이었다면 실체가 얼마나 뼛속까지 고루한 남자든 기꺼이 사랑할 수 있었을 텐데. 내 친구가 불안감을 느낀 것은 패션의 문제가 아니라 상상력의 영역이다.

평생 닿지 못할지라도 결코 포기할 수 없는 환상의 섬들이 있다. 한때 환상이었으나 방문을 거듭하여 그 고유의 색깔과 냄새를 샅샅이 밝혀내고 이제는 잊혀진 추억처럼 아련해진 섬들도 있다. 나에게는 타이의 푸껫—내가 태어나서 최초로 발을 디딘 남국의 섬이다—이나 코사무이, 그리고 코피피, 말레이시아 동해안의 쁘렝띠안이나 까파스, 띠오만 등이 그런 곳이다. 아름답다는 이유로 관심을 받았지만 시간이 가면서 점차 신비감이 사라져버린 섬들.

환상의 섬 후보지로 푸껫이나 사이판, 하와이처럼 비행기 한 번 타면 도착할 수 있는 섬의 이름을 순순히 대는 것은 "혹시 100억이 하늘에서 떨어지면 당신은 뭘 하시겠습니까?" 하는 물음에 "50억은 우선 은행에 저금하고요, 나머지 50억 중에 25억은 부모님 드리고요." 이렇게 신중한 표정으로 읊는 것과 비슷하다. 오랜만에 꾼 꿈속에서조차 빨간 페라리 대신 낡아빠진 중고차를 몰고 있는 자신을 발견한다는 것은…….

환상의 섬을 다섯 개만 아낌없이 나열한다면? 잔지바르와 마데이라, 모리셔스와 마요르카, 그리고 이스터 섬 정도면 어떨까. 이비사를 댈 사람도 있겠지만 거기는 장난꾸러기 아이들이 우글대는 테마 파크처럼 자세한 모습을 상상하는 것만으로도 어쩐지 부담스러운 곳이다. 차라리 순결하고 고요한 갈라파고스가 더 나을 것이다.

보다 현실적으로 다섯 개의 섬을 대라면 선택의 폭은 갑자기 넓어진다. 바하마와 자메이카, 그리고 몰디브와 피지, 타히티 정도가 좋을 것 같다. 미국 근처의 카리브 해에, 혹은 남태평양 한가운데에 떠 있는 조그만 섬들이다. 항공 운임이 비싸긴 하지만 가려고 들면 못 갈 것도 없는, 그런 곳들…….

만 삼천여 개의 섬으로 이루어진 인도네시아에서 환상의 섬을 찾으라면? 가장 널리 알려진 곳은 물론 신들의 섬 발리이다. 그러나 발리는 환상의 고상한 지위를 획득하기에는 이미 너무 유명하고 모든 것이 편리해졌다. 발리의 주도인 덴파사르까지 서울은 물론 호주며 일본, 대만과 타이, 싱가포르 등지의 대도시에서 매일처럼 직항기가 뜨고 내린다.

아주 오래전 인도네시아 가이드북을 처음 샀을 때 내가 가장 가보고 싶었던 섬은 발리가 아니라 풀라우웨(Pulau We)라는 수마트라 인근의 섬이었다. 수마트라는 인도네시아 서쪽에 놓인 거대한 섬으로 풀라우웨는 바로 그 최북단에 위치해 있었다. 지리적으로 오지일뿐더러 최근 정치적, 경제적 상황이 악화되면서 더욱 가기 힘든 곳이 되어버렸다. 웨 섬에 닿기 위해서는 반군과 정부군이 대립하는 수마트라 북부의 아체(Ache)*아체 사람들은 인도네시아에서 가장 독실한 이슬람교도 집단으로 네덜란드 통치에 대항하여 과감한 저항운동을 벌였고 그 결과 독립 정신을 인정받아 이후 현재까지 약간의 자치가 허용되어왔다 지역까지 가서 다시 배를 타고 바닷길을 한 시간 반가량 더 가야만 한다. 아득하게 먼 곳이다. 내가 만난 사람들 중 누구도 수마트라에서 물 속과 바깥이 가장 아름답다는 웨 섬에 직접 가본 이는 없었다. 사실 웨 섬에 대해 들어본 적이 있는 사람조차 극히

토바 호수

드물었다.

마침 수마트라의 빠당(Padang)행 비행기에 프로모션 가격으로 저렴하게 나온 좌석이 있었다.

"수마트라는 인도네시아에서 가장 여행하기 좋은 지역이지."

길에서 마주친 여행 베테랑들이 나에게 말했다.

"정말 아름다운 곳이야. 여행하기에 아주 좋지. 풍광이며 물가며 모든 것이 그래."

이와 비슷한 말을 하는 사람은 그 후로도 많았다. 인도네시아에서 발리가 가장 좋았노라고 털어놓는 나를 향해 그들은 큰 소리로 웃어젖혔다. 괌이나 사이판이야말로 세상에서 가장 아름다운 남국이 아니냐고 되묻는 순진한 시골뜨기를 비웃는 것처럼.

동남아시아를 오랫동안 여행한 사람들 사이에서 수마트라는 흔히 가장 좋은 목적지로 꼽힌다. 한반도보다도 훨씬 더 큰 거대한 섬으로 그 모양이 꼭 통통한 고구마나 당근을 비스듬히 눕혀 놓은 것처럼 생겼다. 동남아에서 가장 큰 담수호인 토바 호수와 '수마트라'라는 이름의 열대어, '수마트라'라는 이름의 호랑이, 그리고 수많은 화산과 연

수마트라 대부분 소택지와 기복이 심한 구릉지로 이루어져 땅이 척박하지만 동북 지방의 기름진 충적평야는 농사짓기에 매우 적합한 곳이다. 19세기 이래 평야 지대의 플랜테이션을 통해 담배, 고무, 야자 등 수출 작물을 재배해왔다. 광물자원도 풍부해 주석의 주산지이며 아체 지방에서는 인도네시아 석유 및 천연가스의 대부분을 생산하고 있다. 따라서 경제적 이권에 개입하려는 중앙정부와 자치권을 주장하는 아체인들 사이에 갈등이 끊이지 않고 있다

푸른 해안선을 가진 섬이다. 그러나 막상 수마트라로 향하는 비행기 속에서 나는 웨 섬에 닿을 수 있으리라는 생각은 거의 하지 않았다. 너무 멀 뿐 아니라 아체 반군과 정부군의 대치 상황 때문에 위험할 듯했다. 물론 수마트라에는 웨 섬 말고도 볼 만한 것이, 갈 만한 곳이 셀 수 없이 많다.

비행기가 드디어 빠당에 도착했다. 빠당은 수마트라 남부에 위치한 대도시로 빠당 푸드가 유래한 곳으로 유명하나 시 자체는 흉측한 회색빛을 띤 콘크리트와 시멘트로 이루어진 커다란 도시일 따름이다. 비행기에서 내리자마자 공항에서 버스를 타고 몇 시간 거리에 있는 만인자우(Maninjau) 호수로 향했다.
　만인자우 호수는 짙푸르고 아름다웠다. 주변 환경이 매우 고요하고 평화로워 신선들의 수련장이 들어설 만한 곳이었다. 신선은 보이지 않았다. 그 대신 머리를 길게 기르고 옷을 거의 걸치지 않은 유럽계 히피들 몇 명과 백발의 네덜란드 노인들이 조용히 쉬고 있었다.

무겁게 여행하기

여행할 때 짐은 얼마나 가져가야 할까. 이 문제에 대해서라면 여행을 해보지 않은 사람조차 정답을 알고 있는 것 같다.

"가능한 한 가볍게."

간단히 말해서, 짐을 많이 가지고 외국을 가는 것만큼 미련하고 고통스러운 일은 다시없다. 우선 이동하기 불편하다. 혼자 이고 지고 가자니 등골이 휘고, 그때마다 포터나 택시를 이용하자니 돈이 많이 든다. 여행 중에 필요한 물건들의 대부분은 현지에서도 쉽게——그것도 종종 집에서보다 더 싼 값에——살 수 있기 때문에 필요한 모든 것을 완벽하게 챙겨 가려는 편집광적 시도 자체가 피곤하고 불필요한 정력의 낭비이다.

위의 말은 모두 사실이다. 가능한 한 가볍게 짐을 꾸리라는 것은 '네 이웃을 사랑하라', 또는 '간음하지 마라'라는 말처럼 지극히 옳게 들린다. 그러나 어디까지가 가능한 것일까. 4박 5일에 끝나는 것이 아니라 몇 주 동안 지속되는 여행이라면, 극기 훈련과도 흡사한 학생들의 배낭여행이 아니라 사서 고생할 나이가 지난 중년 여행자의 여행이라면 가져가야 할 것은 더욱 늘어날 수밖에. 아무리 가능한 한 가볍게 꾸려보아도 어느 정도 이상으로 줄이기는 힘든 법이다.

꼭 필요한 순서대로 채워 넣어도 조그만 가방은 금세 넘치기 마련이다. 반바지와 반소매 셔츠, 샌들, 선선한 밤을 대비하여 긴 바지에 긴팔 셔츠, 얇은 스웨터에 튼튼한 운동화를 하나씩만 넣어도 가방의 반이 벌써 찬다. 거기에 손톱깎이, 다용도 칼, 우산, 반짇고리와 같은 소소하나 빼놓을 수 없는 필수품들과 선글라스, 수영복과 속옷, 양말, 가이드북과 현지에서 읽을 소일거리용 책, 사전, 카메라와 필름, 세면도구와 기초 화장품, 워크맨과 즐겨 듣는 테이프 몇 개, 상비약 조금.

여기까지는 그야말로 꼭 필요한 것들만 나열한 것이다. 한마디로 말해서 세면도구지, 세면도구라고 해도 치약과 칫솔, 얼굴 세안제—폼 클렌징, 파우더 클렌징, 엑스폴리에이터…… 화장품 산업에 경의를!—와 샴푸, 타월 등을 다 챙긴다면 세면도구만으로도 한 꾸러미는 족히 된다. 완벽주의자들을 위해서 한 단계 진보된 리스트를 좀 더 읊자면, 자외선 차단제와 머리카락에 바를 영양제, 노트북, 워크맨 전지 충전기, 작은 알람 시계, 몸에 바르는 모기 퇴치약, 손전등, 고급 레스토랑에 입고 갈 옷 한 벌, 필기도구…….

이런저런 것 다 필요 없고 사계절용 등산화 한 켤레에 입은 것 말고

속옷 한 벌, 바지 한 벌, 셔츠 두 벌 정도만 있으면 만사 오케이라는 사람도 있을 것이다. 그런 사람은 아마 비누가 있으면 샴푸도 필요 없을 것이다. 비누 하나만 있으면 세수하고, 몸도 씻고, 머리까지 감은 후 빨래도 할 수 있다. 어쩌면 그조차 가져갈 필요가 없을지도 모른다. 별 하나도 제대로 붙지 않은 싸구려 숙소라고 해도 비누는 제공하는 경우가 대부분이며 혹시 비누마저 주지 않는 망할 숙소에서 묵게 된다 하더라도 그전 투숙자가 떨구고 간, 다 녹다 못해 형체를 잃은 비누 조각을 샤워 부스 어디선가 발견하게 될 가능성도 있으니까. 타월도 필요 없다. 입던 티셔츠로 대충 닦고 남아 있는 물기는 시간과 바람에 말려버리면 그만이다. 여행에 대한 순수한 열정으로 가득 찬 굳은 의지의 소박한 인간들이라면 인도네시아 여행이 아니라 6개월에 걸쳐 광활한 북중남미 대륙을 관통하는 장기 여행이라고 해도 중간 크기 배낭 한 개 정도로 만족스러워할 수 있을 것이다.

나의 첫 번째 장기 여행은 대학생 때 떠났던 유럽 일주였다. 어리고, 순진하며, 고생을 번지점프처럼 흥미진진해하던 철없고 낙천적인 시절이었다. 오래 계획한 유럽행이었는데, 우리는 닥치는 대로 아르바이트를 해서 개미처럼 돈을 모으고 강의 시간 틈틈이 교수님 몰래 몇 권의 가이드북을 여러 차례 독파했다. 유럽을 가보지 않고도 이미 가본 듯한 기분이 들 때까지 열심히 자료를 읽고 필요한 것은 수첩에 깨알 같은 글씨로 잔뜩 베껴놓았다. 그런 열성으로 공부를 했더라면 능히 장학금을 탈 수 있었으리라.

준비가 모두 끝나자 대학생 배낭여행 전문임을 자랑스레 내세우는 시내의 어느 여행사를 찾아가 유럽행 왕복 비행기표와 유레일패스를 구입했다. 이미 유럽으로 배낭여행을 다녀온 대학생들을 임시직원으로 고용한 여행사였는데, 소위 전문가라는 그 사람들은 외국 여행에 무지한 나와 내 친구가 초보자다운 질문을 할 때마다 어찌나 면박을 주면서 비웃어대던지 우리는 주눅이 들어 어두운 얼굴로 여행사를 나섰다. 어떤 난감한 일이 벌어져도 서울의 여행사로 수신자 부담 전화는 절대 걸지 말라는 것, 걸어봤자 아무도 안 받을 것이라는 것이 우리가 그때 여행사에서 들은 주의사항의 요지였다. 사은품으로 유럽 여행 지침서— 경비를 아끼기 위해 끼니때마다 빵과 물을 먹고 밤 기차에서 잠을 잘 것을 은근히 권장하는 — 한 권과 비밀리에 옷 속에 차도록 고안된 복대, 여행사 이름이 선명하게 찍힌 촌스러운 색깔의 배낭을 하나씩 얻었다. 별로 마음에 들지 않았지만 공짜로 생긴 것이니 쓰지 않을 이유가 없었다.

"덕분에 배낭은 따로 사지 않아도 되겠군 그래."

그렇게 두 여학생은 유럽으로 날아갔다. 꿈꾸던 곳에 도착한 우리는 한동안 멍한 기분이었다. 7월이었지만 런던의 날씨는 스산하여 행인들 중에는 가죽 코트를 입은 사람까지 있었다. 변덕스러운 날씨와 비싼 물가에 익숙해질 무렵 나와 친구는 뜻밖에도 심각한 정체성 문제를 겪게 되었다. 여행 내내 가는 곳마다 우리와 꼭 같은 배낭을 짊어진 동포 대학생들과 줄기차게 마주쳤던 것이다. 1989년 해외여행자유화 이후 유럽 배낭여행이 한국의 대학생들 사이에서 메마른 벌판에 지른 불길처럼 번져나가던 시절이었다. 유럽은 넓었지만 여행 안내서에 등장하는 명소들은 모범 답안처럼 정해져 있었고 초행자들의 일정도 마찬가지였다. 한 장소에서 만난 사람들과 그다음 장소에서도 또다시 마주쳤다. 밝은 형광 색의 그 배낭은 높이 세운 깃발처럼 어디서나 쉽게 눈에 띄었고 그렇다고 어디론가 재빨리 감춰버리기에는 너무나 거대했다. 낯선 곳을 헤매며 나와 내 친구, 그리고 우리와 같은 여행사에서 비행기 표를 산 대학생들은 근심어린 표정과 똑같은 배낭 때문에 마치 형제처럼 닮아 있었다.

"약간 창피한데. 근친상간으로 이루어진 단란한 대가족의 일원이 된 것처럼."

친구가 말했고 나도 그 비슷한 기분이었다. 배낭은 엄청나게 크고 바위 덩어리처럼 무거웠지만 막상 열어보면 변변한 옷 한 벌 들어 있지 않아 맥이 탁 풀려버렸다. 유럽에서 지낸 나날들이 생각보다 힘들었던 것은 뻣뻣한 긴장감 이외에도 금욕 생활이라도 하듯 모든 물자가 부족했기 때문이다. 신발이라고는 신고 다니던 운동화 한 켤레뿐이었고 귀여운 남자들이 많은 이탈리아에서나 털투성이 남자들이 사는 독일에서나 똑같은 복장──실용적이고 단정하나 여자다운 매력이라고는 거의 없는──으로 일관해야 했다.

"어떤 좋은 구경거리가 있더라도 다시는 그런 식으로 여행하지 않을 거야."

내 친구는 이렇게 말했고 나도 동감이었다. 그렇다고 몇 번이나 입게 될지 모르는 화려한 의상이나 가발, 하이힐을 가져갈 수도 없는 노릇이었다. 지나치게 이용 빈도가 낮을 듯한 것은 제외해야 한다. 몇 번 입다가 여차하면 버려도 좋을 만한 낡은 옷과 비교적 새 옷을 적당히 섞어 넣었다. 여행하면서 차차 헌 옷은 버리고 새 옷을 사 입으면 기분

전환도 되겠지. 수영복과 선글라스, 작은 노트북——작아도 쇳덩어리인 만큼 그 무게는 상당히 나간다——과 어댑터를 집어넣었다. 옷보다 무게가 많이 나가는 것은 책이었다. 두꺼운 가이드북 한 권에 인도네시아 문법 책 한 권, 코모도 섬에 대한 책 한 권, 남는 시간에 읽을 소설 두 권.

"존 그리샴보다는 회계학 입문이나 미학서 따위가 더 실용적일 거야. 머리가 좀 아프긴 하지만 대신 얇아도 아주 오랫동안 볼 수 있으니까."

책을 아예 가져가지 말라고 조언하는 사람들도 있었다.

"책이 정 필요하다면 현지에서 그때그때 사지 그래?"

"안 돼. 헌책방이야 발리에 흔하지만 내가 꼭 원하는 책은 거의 없단 말이야. 독일어나 프랑스어, 네덜란드어로 쓰인 책이 많고 영어 책이라면 『내 영혼의 닭고기 수프』나 『나의 라임 오렌지 나무』, 아니면 시드니 셸던이 쓴 끈적거리는 책들이 대부분이야. 책은 꼭 필요해. 책이라도 읽어야지 식인 도마뱀이 우글거리는 코모도 섬처럼 한적한 곳에서 밤이면 독서 말고 뭘 할 수 있겠어?"

친구는 고개를 갸우뚱거렸다.

"그래도 막상 그 섬에 가보면 밤에 할 일을 뭐라도 발견하지 않을까?"

"방에 틀어박혀 뭘 할 수 있겠어?"

"뭐라도 하겠지, 뭐라도."

"예를 들자면?"

"체조라든가, 하다못해 연애라도."

짐을 너무 많이 가져왔다는 사실을 깨달은 것은 집을 떠난 지 만 24시간도 채 지나기 전이었다. 공항에서 짐을 부치면 나중에 찾을 때 시

간이 걸릴 것 같아서 비행기에 가지고 올라탔더니 행동이 잽싼 사람들 덕분에 좌석 위 짐칸은 이미 다 차버린 후였다. 가방을 좌석 밑으로 끌고 들어가야 했다. 코르크 마개가 유리병에 콕 틀어박힌 것처럼 그렇게 꼼짝도 못하고 자카르타까지 일곱 시간을, 그리고 다시 발리까지 두 시간 가까이 날아갔다. 꾸따 거리에 도착한 다음 날 짐부터 풀어헤쳤다. 눈을 까치처럼 밝게 뜨고 복잡한 가방 속을 한참이나 뒤졌지만 놀랍게도 버릴 만한 것을 단 하나도, 정말이지 단 하나도 발견할 수가 없었다. 모두 다 나름대로 용도가 있는 물건들이고 이 가운데 어떤 것도 버리고 싶지 않았다. 나는 포장되어 있는 물건을 찾아 모두 까서 포장지를 버렸다. 열심히 작업했지만 종이와 비닐을 조금 버린 것뿐으로 가방의 전체 무게에는 별 변동이 없었다.

검고 각진 나의 트렁크는 꾸따의 좁은 여관방 한가운데에 비석처럼 놓여 있었다. 코모도 섬에 가서 어쩌다 용들에게 습격이라도 당하는 일이 생긴다면 아마도 저 가방 때문에 붙잡히지 않을까. 괴물들이 갈가리 찢어버리도록 가방을 버려두고 나만 도망칠 수는 없었다. 주먹에 과자를 가득 쥐었기 때문에 입구가 좁은 항아리에서 끝내 손을 빼내지 못한 욕심꾸러기처럼, 결국 용들에게 둘러싸여 어리석은 최후를 맞게 되지 않을까. 터질 듯 팽팽한 가방 한 개를 옆에 남긴 채.

부자라면 무거운 짐에 대한 고민은 할 필요가 없다. 짐이 많으면 택시로 이동하면 되고 택시가 없는 곳에서는 몸이 건장한 짐꾼을 고용하면 되니까. 사실, 진짜 부자라면 짐은 아예 필요도 없다. 맨몸으로 다니면서 필요한 것이 생기는 족족 현지에서 사들이면 그만이니까. 그럴 돈이 없다면 둘 중 하나를 선택해야 한다. 가볍고 소박하게, 인생을 달관한 것처럼 여행하든지, 아니면 필요한 것 다 이고 지고 다니는 대신 그 짐의 무게만큼 육체적, 정신적 고생을 겪을 각오를 하든지. 선택은 각자의 몫이다. 내가 택한 것은 후자로, 나는 작지만 나름대로 유용한 각종 물건들로 가득 찬 가방을 질질 끌며 하수도를 파헤치느라 보도블록이 멋대로 놓인 발리의 울퉁불퉁하고 복잡한 거리를 힘겹게 누비며 숙소를 찾아가는 중이다. 이마에는 땀을, 벌어진 입으로는 거친 숨을, 찌푸린 얼굴에는 고통을, 머릿속으로는 "걱정 마, 너와 함께 가마." 하고 주문처럼 중얼거리면서.

호수에서 살다

　바다를 보면 호쾌해지고 산을 보고 자라면 아늑하고 내성적인 심성을 갖게 된다고 한다. 그렇다면 호수라는 환경은 인간을 어떻게 변화시킬까. 중국의 여러 현인들이나 뉴잉글랜드의 철학자들이 몸과 마음의 정진을 위한 장소로 다른 어떤 자연환경보다 호수를 더 선호한 데에는 나름대로 이유가 있는 것 같다. 끝이 막혀 있어 궁극적으로 둥그스름한 형태를 이룰 수밖에 없는 호수는 그를 바라보는 사람의 마음 또한 원을 닮은 상태로 바꾸는 힘을 가진 듯하다.

　수마트라의 만인자우 호수에서 보낸 나날들은 평화로웠다. 수마트라 최대이자 동남아 최대의 담수호인 토바 호수와는 달리 만인자우 호수는 훨씬 규모가 작고 관광객이 드물었다. 거침없이 흘러가는 현실의 시간이 깜박 빠뜨리고 지나간 한 조각 공간과도 같은 곳이었다. 대도시에서 나고 자라 시끄러운 자동차 소리에 익숙한 나는, 소음 때문이 아니라 정적 때문에 만인자우에 도착한 이후 한동안 잠을 제대로 이룰 수가 없었다. 기억에서 소리가 지워지기까지는 오랜 시간이 걸렸다.

장기간 머무르기에 적당한 조그맣고 아기자기한 마을이었다. 방에 딸린 테라스에서 잔잔한 푸른 호수로 곧장 점프가 가능했다. 왁자지껄한 세상의 바깥에 놓인 듯 세속적인 시끄러움이 일체 들려오지 않는 곳이다. 유리창으로 넘쳐 드는 햇살에 저절로 눈이 뜨이면 테라스에 비치된 검은 타이어 튜브를 끼고 호수에 뛰어들어 구름이 하늘을 가로지르는 것을 지켜보았다. 햇볕에 달궈진 물은 미지근했고 수면은 잔잔하여 내가 탄 튜브는 시간이 흘러도 조금도 흘러가지 않은 채 천천히 제자리를 맴돌 뿐이었다.

만인자우 호수를 찾는 사람들은 유럽인들이 대부분이며, 그중에서도 상당수가 네덜란드인들이다. 수마트라뿐 아니라 인도네시아 전체 네덜란드인 관광객이 많은 것은 이 거대한 군도 국가가 과거 네덜란드의 지배하에 놓인 적이 있기 때문이다. 라오스와 베트남에는 프랑스인들이, 말레이시아와 싱가포르, 미얀마에는 영국인들이, 인도네시아에는 네덜란드인들이 대거 여행을 온다. 교과서로 읽고 들은 영광스러운 과거의 기억을 완성하기 위하여. 물론 보다 실질적인 목적을 가진 방문객들도 있다.

"우리는 삼림 회사에서 일해요. 수마트라 섬의 목재를 베어다가 네덜란드로 보내는 거지."

내 옆방에 투숙한 60대 남자 두 명은 네덜란드인으로 빠당 부근에서 일한다고 했다. 오욕과 영광의 역사는 흘러가고 경제 논리가 지배하는 시대가 되었지만 이들 과거 지배자들의 기억 한 구석에는 산란지를 찾아 물결을 거스르는 연어처럼 일종의 회귀본능이 있는 듯 하다.

한 나라라 해도 지역에 따라 사람들의 성향이 달라지는 광경을 보는 것은 흥미로운 일이다. 수마트라인과 발리인은 텍사스인과 뉴요커만큼이나 성격이 판이하다. 수마트라 남부에 위치한 만인자우 호수는 소수민족인 미낭까바우인들이 지배하는 지역이다. 미낭까바우인들은 악랄한 상인 정신으로 이름 높은 종족으로 여자가 가장의 역할을 맡고 경제권을 가지는 모계사회로 운용이 된다. 내가 묵은 조그만 호반 호텔의 매니저 겸 사장은 '치트리'라는 이름을 가진 20대 초반의 여자였는데 사납고 교활한 표정에 팩팩한 말투, 숙박비 흥정에 한 치도 빈틈이 없는 것이 과연 지독한 돈벌레로 악명이 자자한 미낭까바우족 여인다웠다. 치트리는 아버지와 남동생을 조그만 턱 끝으로 부리며 대외적

수마트라 섬의 목재 세계에서 가장 오래된 동남아의 열대림은 그 규모에서도 라틴아메리카에 버금간다. 그러나 동남아의 열대림은 빠른 속도로 벌채되고 있기 때문에 그대로 방치하면 수십 년 내에 산림자원이 고갈될 위기에 처해 있다. 자원의 압박이 심하기 때문에 농민들은 처녀지를 농지로 개간하고 있는데 이 같은 현상은 지난 50년 동안 인구가 거의 세 배로 늘어난 타이의 경우 가장 심하다. 벌목 회사들은 티크, 에보니, 마호가니 등 값비싼 경목을 마구 잘라 내고 있으며 그 결과 동남아는 오늘날 세계 열대 목재 소비량의 70퍼센트를 공급하고 있다. 이 지역의 산림 보존 사업은 아직 초보적인 단계에 있으며 식목 사업도 별로 진행되고 있지 않다.

인 일을 모두 처리했다. 천성이 변덕스러운 여자로 비교적 친절하다가도 갑자기 쌀쌀맞게 굴곤 해서 나를 어리둥절하게 했다.

"나, 다음 달에 결혼한다."

어느 날 대화 끝에 치트리는 불쑥 이렇게 말했다.

"어떤 남잔데? 이 동네 남자인가?"

"아니. 여기서 아주 멀리 떨어진 곳에 사는 남자야."

"그럼 넌 이제 이 마을을 떠나서 살게 되나?"

내 말에 그녀는 흥 하고 코웃음을 쳤다.

"내가 여길 떠나긴 왜 떠나?"

"안 떠나?"

"안 떠나지. 난 여기서 영원히 살 거야. 나와 결혼할 남자가 이곳으로 와서 결혼식을 올리고 우리 가족과 함께 살게 될 거야."

"어떤 남자인지 정말 궁금한걸."

"어떤 남자긴 뭘. 남자들이란 게 다 똑같지."

치트리는 시큰둥한 얼굴로 생각에 잠겼다. 그러고는 인심을 쓰듯 덧붙였다.

"그래도 나름대로 꽤 귀여워. 착하고, 유순하고, 일도 아주 열심히 하지."

결혼을 앞둔 신부치고는 상당히 늠름한 말투였다. 그러고 보니 그녀는 선이 가느다란 얼굴과 불룩 튀어나온 가슴을 빼면 모든 것이 남자와 비슷했다. 내가 아는 남자들처럼 말하고 꼭 그들처럼 생각했다. 반면, 호텔 이곳저곳을 소리 없이 돌아다니며 정성껏 청소를 하고 모자란 비품을 채워놓는 치트리의 아버지와 남동생은 지금껏 내가 여자들의 전형이라고 생각한 특성들, 다시 말해서 보통의 어머니와 여동생이 갖는 특징들을 상당 부분 가지고 있었다. 그들은 소극적이고, 군말 없이 일을 하며, 치트리를 약간 두려워했다. 결국 모계사회란 여자와 남자의 성 역할을 바꾸어놓았다는 점을 제외하면 부계사회와 다를 바가 없었다. 남성성과 여성성이라는 겉옷은 타고난 생물학적 특성에 의해 진작 정해지는 것이 아니라 사회적 역할에 따라 후천적으로 영향 받는 것이라는 결론을 내릴 수밖에.

지독스럽게 평화로운 마을이었다. 백 년이 흘러봐야 옆집 노인이 어젯밤 드디어 천수를 다하고 잠자다가 세상을 떠난 것이 가장 큰 뉴스일 것만 같았다.

"저기 멀리 호수에 보이는 게 뭐지?"

내가 물었다.

(10분 후)

"물고기를 잡는 어부 배야."

치트리가 대답했다. 이것이 바로 호수에서 오가는 대화다. 그만큼 시간이 느리게 흐르는 마을이다. 움직임이 없이 거울처럼 잔잔한 수면을 바라보고 있노라면 호숫가 주변에 피어난 옥잠화가 된 기분이 들었다. 그때 내 눈에 보이는 것은 모두 아름다운 것들뿐. 호수의 파란 물과 이와 비슷한 색의 하늘, 한데 뒤섞여 분간이 힘든 햇살과 바람, 푸른 나무, 푸른 풀, 노란 꽃잎, 연약하고 부드러운 것들. 호수 앞으로 펼쳐진 풀밭의 의자에 앉아 햇볕을 쬐며 떠올리는 것은 과거의 기억뿐. 용량 초과로 더 이상 어떤 것도 담아둘 수 없게 된 노인처럼 꾸벅꾸벅 졸던 5월 오후의 기억들.

만인자우 호수

은전을 삼키는 아이들

　수마트라의 산악 마을 부끼띵기(Bukittinggi)에서 동남아에서 가장 커다란 담수호인 토바 호수까지는 열 시간이 좀 더 걸렸다.
　내가 열대에서 가장 사랑하는 것 중 하나는 특유의 격렬한 날씨다. 불같이 뜨거운 태양과 대지를 휩쓸어버릴 듯한 폭우가 근사하고, 기계화로 인해 나날이 밋밋해져가는 대도시의 생활에 익숙한 사람이라면 큰 감명을 받거나 혹은 두려워할 만한 격렬함이 가득하다. 마침 수마트라의 우기였다. 큰 비가 내릴 징조는 내가 탄 버스가 부끼띵기 터미널을 떠날 무렵 이미 나타나고 있었다. 해가 지기 직전이었는데, 하늘은 때가 탄 듯 더러운 회색으로 매우 어두웠고 하나 둘 떨어지던 빗방울은 몇 분 지나지 않아 딱따기를 치듯 버스의 양철 지붕을 시끄럽게 두들겼다. 곧 유리창 밖이 보이지 않을 정도로 비가 퍼붓기 시작했다.

낯선 곳에서 앞이 보이지 않는다는 것만큼 두려운 일은 드물 것이다. 워크맨의 음악에 정신을 집중하려 했지만 잘 되지 않았다. 조절 장치가 고장 난 에어컨에서 얼음처럼 차가운 바람이 연신 뿜어져 나왔다. 나는 웅크린 채 버스의 좌석에 몸을 묻었다. 토바 호수행 가운데 개중 가장 시설이 좋다는 벤츠의 24인승 대형 버스였지만 몹시 낡고 더러운 것이 타이의 특급버스 999*타이 정부에서 운행하는 24인승 장거리 버스로 값이 비싼 대신 안락하다와는 여러모로 천지차이였다. 세탁한 지 족히 백 년은 된 듯 본래의 푸른빛을 완전히 잃은 시트 위로 크고 작은 바퀴벌레들이 스멀스멀 기어 다녔다. 버스 곳곳에 앉은 현지인 영감들은 한시도 쉬지 않고 지독한 냄새를 풍기는 끄레떽을 피워대고 내 옆자리에 앉은 청년은 진귀한 동물을 보듯 벌써 몇 시간째 나를 곰곰이 응시했다. 시트에서는 불결한 냄새가 풍겼고, 창밖의 빗소리는 우렁찼으며, 차가운 에어컨 바람 때문에 머리가 다 얼얼할 지경이었다.

그날 밤 비가 엄청나게 내렸다. 몬순 시즌답게 격렬한 폭우였다. 수마트라 중부 산간지대는 고도가 높고 습해서 원체 비가 많이 내리긴 하지만 이날은 정말이지 대단한 기세였다. 미리 준비해놓은 백만 개의 양동이로 연달아 들이붓듯 믿기지 않을 정도로 극심한 비바람이 몇 시간이나 계속되었다. 버스에 세차게 들이치는 빗소리에 귀가 멍멍하더니 이윽고 아무 소리도 들리지 않게 되어버렸다. 밤중이라 컴컴한 데다가 폭풍우까지 휘몰아치니 버스가 어디로 달려가고 있는지 알 수 없었다. 이러다가는 길이 사라지거나 무너지는 것이 아닐까, 작은 강을 이룬 물줄기를 따라 버스가 어디론가 떠내려가지 않을까 걱정이 되었다. 회색으로 흐려진 창문 틈으로 차가운 빗물이 연신 밀려들어왔다. 이마와 어깨로 연달아 튀어 오르는 빗방울 때문에, 그리고 연신 급한 커브를 트는 험악한 길 때문에 도저히 잠을 이룰 수가 없었다. 어둠과 추위, 빗소리로 채워진 시간이 얼마나 흘렀을까, 어느 순간 빗소리가 점차 잦아드는가 싶더니 머지않아 창밖으로 희뿌옇게 동이 터왔다.

운전사는 미리 부탁한 대로 고속도로의 정확한 지점에 나와 가방을 내려주었다. 버스에서 내린 사람은 나 혼자뿐이었다. 새벽녘이었고, 밤새 비가 왕창 내린 후라 코끝에 와 닿는 공기는 오슬오슬 차갑고 축축했다. 터덜터덜 정처 없이 걷기 시작했다. 새벽녘 특유의 차가운 공기에 몸이 떨려왔다. 노래를 불러도, 탭댄스를 추어도, 회색 고속도로에는 아무도 나타나지 않았다. 남들의 눈에 띄려는 모든 노력을 멈춘 순간 낡아빠진 베모*bemo. 현지인들의 교통수단인 승합차가 한 대 마술처럼 내 앞에 등장했다.

"빠라빳?"

내가 묻자 운전사는 고개를 끄덕였다. 베모가 나를 내려준 곳은 토바 호수 한가운데 뜬 섬인 사모시르(Samosir)로 들어가는 기지 마을 빠라빳(Parapat)이었다. 정치적 불안 때문에 최근 몇 년간 여행자들의 숫자가 급격히 감소하면서 쇠락한 휴양지처럼 변해버렸다. 이 고요하고 너절한 동네로 찾아든 외국인들을 기다리며 이른 새벽부터 삐끼들이 배고픈 들개처럼 어슬렁거리고 있었다. 사모시르 섬까지 가는 페리를 탔다. 생각보다 꽤 커다란 배로 갑판에 가득 놓인 철제 의자 중 하나에 앉으니 곧 차장이 요금을 걷으러 왔다. 그를 향해 돈을 내미는 승객들은 각양각색이다.

이제 막 도착한 듯 거친 숨을 몰아쉬는, 커다란 배낭을 발치에 둔 건장한 히피 커플
　　보이는 것 하나하나마다 감탄사를 던지는 서양인 노인들
　　피로한 얼굴의 호객꾼 청년들
　　어느 틈에 사랑에 빠져버린 현지인과 외국인 커플
　　킬킬대며 이방인들을 힐끔거리는 동네 꼬마들

　토바 호수 한가운데에 떠 있는 사모시르 섬은 수마트라 굴지의 관광지로 페리가 멈추는 곳마다 크고 작은 숙소들이 모여 있었다. 첫 번째 정박지에 페리가 서자 물속에서 헤엄치던 벌거숭이 사내애들 십여 명이 배 위의 승객들을 향해 일제히 "할로, 미스터!"를 큰 소리로 외쳐대기 시작했다. 오랫동안 연습한 합창처럼. 수십 수백 번 되풀이된 행동 특유의 기계적인 익숙함이 밴 동작이었다. 어느 순간 배 위에 탄 서양인 노인네들이 백 루피아*인도네시아의 화폐 단위. 백 루피아가 우리 돈 12원 정도이다.(2005년 1월 기준)짜리 은색 동전을 몇 개인가 호수로 뿌려대자 어린 꼬마들은 그 금속조각들을 하나라도 놓칠세라 물 깊숙이 잠수했다. 조그만 동전은 작지만 무거워서 자칫하면 영영 잡을 수 없는 깊숙한 바닥으로 가라앉아 두 번 다시 떠오르지 않을 것이다. 아이들은 먹이를 받아먹는 커다란 물고기처럼 놀랄 만큼 재빠르게 팔다리를 놀려대며 물 깊숙이 들어갔다. 몸에 아무것도 걸치지 않은 여위고 민첩한 갈색 물고기들. 어두운 푸른색으로 빛나는 호수 바닥의 구불거리는 수초 틈을 이리저리 헤집으며 시야에서 빠져나가려는 조그만 은전을 악착같이 뒤쫓는다. 이들에게 던져지는 동전들 중에 오백 루피아짜리 금전은 하나도 없다. 연못 속 금붕어에게 주는 사료처럼 아낌없이 뿌려지는 것은 하나같이 백

루피아짜리 최소 가치의 은전이다.

12원.

그러나 아이들은 결승전에 임한 것처럼 희미한 웃음조차 짓지 않는다. 열렬하고 비장한 그들의 모습에 페리에 탄 외국인 승객들은 환호성을 지르며 박장대소한다. 아까부터 인도네시아의 비경에 대해서 떠들어대던 뚱뚱한 백인 할머니가 과장된 고성으로 감탄사를 연발했다.

"얼마나 아름다워요! 저 애들 정말 근사하지요! 그렇지 않아요?"

어떤 노인은 던질 동전을 가지고 있지 않음을 크게 아쉬워하며 입맛을 다셨다. 로마의 트레비 분수 앞에 선 채 다급하게 호주머니를 뒤지며 다른 사람이 소원을 비는 것을 안타까운 눈으로 바라보는 관광객처럼. 단돈 12원으로 어린 인간 한 명을 정신없이 바쁘게 만들 수 있는 곳은 지구상에서 거의 사라지고 없다. 수마트라의 비경인 토바 호수가 아직 그중 한 곳으로 남아 있다.

페리는 물속에서 헤엄치는 꼬마들을 남기고 다시 출발했다. 승객 중 몇몇은 아직도 가쁜 숨을 헐떡거리며 허리를 잡는다. 커다란 배가 빙그르르 방향을 트는 바람에 눈부신 아침 햇살에 가려 나는 물 바깥으로 고개를 내민 아이들의 얼굴을 볼 수 없게 되어버렸다. 내 앞에 남은 것은 새파랗게 순결한 하늘과 그 아래 놓여 있는 비슷한 색채의 거대한 호수, 병풍처럼 사방을 둘러싼 산등성이의 푸름과 제대로 눈을 뜰 수 없을 정도로 강렬하게 열기를 내뿜는, 밤새 내린 폭우에 씻겨 눈부신 금빛이 더욱 선명해진 한낮의 태양.

부끼띵기의 초등학생들

산악마을 부끼띵기 전경

바비굴링

부끼땡기의 틀니 가게

먹는 이야기
나시고렝과 빠당푸드

Y에게.

여행의 가장 간단하고 현상학적인 정의가 집이 아닌 다른 곳에서 먹고 자는 것이라면, 인도네시아를 여행할 때 너는 최소한 먹는 것에 대해서만큼은 크게 걱정하지 않아도 좋을 것 같다. 한국과 같은 아시아권이라 쌀이나 고기, 야채 등 주식이 대체로 비슷하다는 점 이외에도 사실 인도네시아 음식은 타이나 베트남 요리—종교적 제약이 없기에 요리의 재료에 대한 제약도 전무하다 할 정도로 다채롭다—만큼은 아니더라도 그런대로 꽤 맛이 있는 편이니까.

그 중에서도 식도락의 천국을 꼽자면 역시 발리겠지. 미박소*mi bakso.

mi는 국수, bakso는 어묵으로 만든 미트볼을 뜻한다. 박소를 몇 개 띄운 자작한 국물의 국수이다나 나시고렝*nasi goreng. 볶음밥. nasi는 밥, goreng은 튀김이나 볶음의 뜻이다, 혹은 이웃 나라 타이나 말레이시아에서도 손쉽게 맛볼 수 있는 꼬치 요리 사떼(sate)는 값이 싼 음식이면서도 외국인의 입맛에도 항상 먹을 만하다. 예산이 넉넉하다면 오늘 밤은 기분 좋게 꾸따나 짐바란(Jimbaran)에 산재한 해산물 식당으로 직행할 수도 있겠다. 킬로그램당 우리 돈으로 3만 원 하는 랍스터를 직접 골라 입맛에 따라 원하는 소스―칠리, 버터, 블랙빈, 소이, 오이스터, XO―를 뿌려 굽고 찌고, 때로는 회를 쳐서 날로 꿀꺽 삼킬 수도 있다. 홍콩만은 못하지만 말레이시아보다는 훨씬 더 나은 맛으로 싱가포르와 비교하면 너무나도 싼 값에 성찬을 앞에 두고 감격하게 된다. 운 좋게도 돈이 아주 많아 가격표를 들여다보며 어떻게 싸게 한 끼 잘 먹을 궁리를 할 필요가 없는 사람이라면 리츠칼튼의 '키식(Kisik)' 또는 포시즌이나 아만누사 같은 고급 호텔에 부속된 식당으로 갈 수도 있겠다. 저명한 인테리어 잡지에서 방금 빠져나온 듯 근사한 구도와 정교한 장식의 실내, 봄바람처럼 살랑거리는 종업원들의 서비스, 그리고 어디선가 바닷바람을 타고 하얀 프란지파니 향기가 은은하게 풍겨오는 정밀한 식당들.

풍요로운 발리에 비한다면 수마트라는 미식가들에게는 그다지 매력적인 목적지가 못 된다. 인도네시아에 왔으니 인도네시아 음식을 먹고 싶다면 한 그릇에 삼백 원 하는 미박소나 나시고렝을 맛볼 수 있다. 다행히도 음식 맛은 항상 가격과 비례하는 것은 아니어서 지금까지 내가 인도네시아에서 먹어본 중에 가장 맛있는 나시고렝은 다름 아닌 자카르타 국제공항 근처 어느 빈촌, 낡아빠진 손수레를 끌고 다니며 고달

프게 영업을 하는 아저씨가 막 볶아 낸 단돈 삼천 루피아(우리 돈 사백 원)짜리 볶음밥이었으니까. 인도네시아의 나시고렝은 미국의 햄버거처럼 가장 싸고 흔히 접할 수 있는 서민적인 음식이다. 내가 나시고렝을 하나 주문하자 아저씨는 커다란 밥통을 열어 식은 밥을 한 그릇 퍼서 달궈진 무쇠 프라이팬에 집어던지듯 부었다. 갑자기 세찬 불길이 푸른 불꽃을 날리며 하늘 높이 솟구쳤다. 돼지기름이 빠지직 소리를 내며 이리저리 튀어 오르고 몇 가지 이름 모를 향신료가 정신없이 추가되었다. 가차 없는 동작으로 주걱을 놀리는 손길이 점점 빨라지더니 이내 아주 맛있는 냄새가 피어오르기 시작했다.

바로 거기서 나는 내 인생 최고의 나시고렝을 맛보았던 것이다. 나시고렝과 같은 소박한 서민 음식의 경우 가격과 맛은 거의 반비례한다고 보아도 틀림이 없다. 고기라곤 아예 들어가지도 않고 향신료 몇 가지와 시든 야채 몇 오라기로만 맛을 낸 소박한 것이었음에도 그야말로 환상적인 맛이어서 한 번도 쉬지 않고 그릇의 바닥이 보일 때까지 허겁지겁 퍼먹었다. 발리에서 가장 아름답고 고급스러운 호텔들 가운데 하나인 아만킬라(Aman Kila)의 우아한 식당에서 먹었던, 이보다 50배 정도 더 비싼 나시고렝 스페셜—고기와 계란을 아낌없이 사용하고 볶음밥 옆에 사떼 꼬치까지 얌전히 얹은 화려한 것이다—도 이렇게 훌륭한 맛은 아니었다.

인도네시아 길거리 음식의 유일한 문제는 바로 위생이다. 인구 천만 이상이 사는 대도시인 자카르타조차 변두리로 나가면 아직 수도관이 깔리지 않은 지역이 있을 정도이니, 매연이 가득한 길거리를 힘겹게 누비는 이렇게 조그만 간이 와룽(warung)이나 손수레(kaki lima)*조

박소를 파는 가게

그만 수레차를 끌고 다니며 국수나 그 밖의 음식을 파는 이동식 노점의 통칭에 상하수도 시설이 되어 있을 리가 없다. 이들은 설거지라는 것을 아예 하지 않는다. 기껏해야 구정물이 반쯤 담긴 플라스틱 물통에 더러운 그릇을 슬쩍 한 번 담갔다 재빨리 빼는 것이 고작이다. 아니면 이조차 건너뛰고 전 사람이 먹고 남긴 찌꺼기를 그냥 땅에 쏟아버린 후 그 그릇에 다시 새로운 음식을 퍼 담아주는 시스템이다. 부디 박소의 국물이 이름 모를 균들을 몽땅 박멸해버릴 정도로 부글부글 사정없이 뜨겁기만을 바랄 수밖에!

수마트라는 최근 몇 년 동안 동북에 위치한 아체 지방의 유혈 분쟁으로 외국인 관광객의 숫자가 눈에 띄게 급감했다. 애써 커다란 마을로 나가보아도 식당들은 대부분 개점폐업 상태로 선뜻 들어서기 망설여지는 퇴락한 곳들이 대부분이다. 손님의 발길이 끊긴 지 오래된 듯 나무 테이블마다 뿌옇게 먼지가 쌓인 침침한 식당 아니면 파리가 왱왱거리며 날아다니는 반찬 그릇 몇 개를 갖춘, 소위 '빠당 푸드(Masakan Padang)'를 파는 음식점들이다. 빠당 푸드란 인도네시아에서 가장 흔한 음식이다. 종종 인도네시아 음식과 동의어로도 사용되는 빠당 푸드는 수마트라 남부의 항구도시 빠당에서 비롯된 음식으로 현재 이 거대한 나라 전역에 널리 퍼져 있다. 사실 이것은 오늘날 수마트라의 작은 시골 마을에서 먹을 수 있는 유일한 음식일 경우가 많다. 빠당 푸드란 특정 요리나 요리법을 일컫는 명칭이라기보다는 밥과 반찬으로 구성된 식사의 형태 자체를 뜻하는 단어로, 각 반찬들을 커다란 그릇에 담아 행인들이 들여다 볼 수 있도록 유리로 된 판매대에 진열해 놓은 식당이면 백 퍼센트 빠당 푸드를 파는 곳이다. 밥과 함께 원하는 요리를 각자 원하는 만큼 덜어 먹는다. 다시 말해서, 빠당 푸드란 인도네시아를 대표하는 식사 형태로 먹는 방식 그 자체를 뜻한다. 모계사회인 빠당의 미낭까바우족 남자들이 외지로 나가 생계를 위해 식당을 차린 것을 시작으로 지금처럼 전국적으로 퍼지게 되었다는 설이 있다. 그렇다면 타이 이싼(Issan) 지방 출신 억척 아줌마들이 활약하는 솜땀*Somtam. 그린 파파야와 새우젓국, 땅콩 등을 넣고 만든 타이식 샐러드. 까이양 등 숯불구이 음식과 함께 타이 동북부 이싼 지방을 대표하는 음식이다 집의 역사와 일맥상통하는 슬픈 유래다.

빠당 푸드야말로 세계 최초의 패스트푸드라고 했던가. 마련한 반찬들이 다 팔릴 때까지 늘어놓곤 하므로 대개 차갑게 식은 상태에서 맨손을 써서 먹는다. 다양한 재료를 사용하나 맛은 대체로 맵고 알싸한 편이다. 손님이 일단 식당으로 들어서면 종업원은 밥과 각 반찬이 담긴 조그만 그릇들을 손님 앞 테이블에 주르르 잔뜩 차려 놓는다. 초라한 식당은 반찬 몇 개, 화려한 식당은 반찬이 담긴 접시가 수십 개를 넘어설 때도 있다. 그중에서 자기가 먹고 싶은 것만 골라서 먹는다. 식사를 마치면 종업원이 다시 와서 먹은 음식 그릇을 살펴보고 재빨리 계산을 해서 값을 알려주는데 바로 이 부분에서 관광객은 자신이 바가지를 쓴 것인지 아닌지 도저히 알 도리가 없기 때문에 가끔 계산 결과를 놓고 실랑이를 벌일 때도 있다. 그러나 노련한 종업원이 자신의 계산 착오를 순순히 인정하고 판단을 번복하는 예는 거의 없기에 이런 언쟁은 대개 시간 낭비로 끝나기 마련이다.

빠당 음식은 소위 쥐똥고추라고 불리는 아주 매운 고추를 듬뿍 사용하므로 대단히 매울 때도 있다. 이런 반찬 약간을 푸석거리는 흰 밥

과 함께 오른손을 사용해 먹는 것이 수마트라 사람들의 일반적인 식사다. 이럴 돈도 없는 사람이라면 묽은 커리를 약간 뿌린 맨밥에 시장을 반찬 삼아 우적우적 먹는다. 식사란 탄수화물과 섬유질, 약간의 지방과 단백질로 위장을 좀 채우고 말면 그만이라고 여기는 금욕적인 인간에게 수마트라는 아주 적당한 여행지다.

나는 토바 호숫가에 지어진 조그만 나무 오두막에서 오랫동안 머물렀다. 푸른 잔디밭에 띄엄띄엄 오두막이 들어선 숙소로 바로 근처에 허름한 빠당 푸드 식당이 하나 있었다. 나무와 풀잎으로 얼기설기 대충 지어놓은 식당이었다. 주인은 아침이나 오후나 그늘에서 한가로이 낮잠을 즐기는 중년 남자로 허리에 짤막한 사롱을 하나 둘렀을 뿐 갈색 상체며 두 다리를 가린 것은 아무것도 없었다. 부지런한 부인이 아침 일찍부터 야채를 볶고 생선과 조개, 고기를 튀겨 반찬을 마련하면 노련한 오른손을 주걱 삼아 찾아오는 사람들에게 조금씩 나누어주는 것이 그가 맡은 임무였다.

"내일 이맘때쯤 꼭 들러요. 닭튀김을 만들 예정이니까."

길을 지나가던 나와 눈이 마주친 그는 이렇게 정보를 주었다. 토바 호수에서 부족한 것 하나는 동물성 단백질이었다. 이슬람교도들의 종교적 금기로 돼지고기는 아예 먹을 수 없고 질긴 물소 고기도 구하기 힘들었다. 상상력의 부재 때문인지 혹은 이슬람교도적 금욕주의 때문인지, 타이에서라면 흔한 개구리 다리 요리나 벌레 요리도 이곳에서는 찾아볼 수 없었다. 호수에서 잡히는 흙냄새 풍기는 조그만 물고기와 조개가 가장 흔한 단백질원으로 닭튀김이라면 수마트라의 빠당 푸드 식당에서 맛볼 수 있는 최고의 요리에 속했다. 야자수 아래를 마음껏 뛰놀다 생을 마감한 닭인지라 육질이 쫄깃하기 이를 데 없을 뿐더러 고추를 듬뿍 사용하여 단숨에 침샘을 자극할 만큼 맵다.

닭튀김을 먹을 생각에 입맛을 다시며 식당으로 찾아갔다. 주인남자는 쿨쿨 잠을 자고 있다가 내가 잠을 깨우자 입이 찢어져라 하품을 하며 눈을 떴다. 어슬렁거리며 반찬이 진열된 유리함으로 다가간 그는 고의춤을 슬슬 쑤시던 손으로 이리저리 밥과 반찬을 정성껏 주물러 바나나 잎으로 맵시 있게 포장해서 내게 내밀었다. 내가 얼굴을 찡그리자 그는 어리둥절한 표정을 지으며 "왜? 더 줄까?" 하고 상냥하게 물었다. 괜찮다고 말하고는 푸른 바나나 잎 도시락을 받아 숙소로 돌아와 내 오두막 앞을 어슬렁거리는 고양이와 개와 사이좋게 나누어 먹었다. 닭 뼈나 생선 가시를 물고 꽁지가 빠져라 도망치는 동물을 다른 동물들이 필사적으로 뒤쫓는 풍경은 평화로운 토바 호숫가에서 경험할 수 있는 가장 격렬한 볼거리 가운데 하나다.

나이가 들어갈수록 식욕 또한 줄어들고 있는 것은 다행일까 불행일까. 그래도 오늘은 너와 약속한 피렌체에서의 저녁이 까마득히 기다려진다. 라스칼라가 부르는 서툰 아리아를 듣고 나서 빛나는 신용카드를 휘두를 수 있는 고향이 그립다.

흥정의 미학

    종족과 언어, 문화와 지형, 그리고 기후가 다채로운 인도네시아에 대한 여행자들의 평가는 매우 다양한 편으로 인도네시아를 싫어하는 사람들의 숫자는 이 나라와 사랑에 빠져버린 여행자들만큼이나 많다. 인도네시아를 질색하는 사람들은 대개 그 원인으로 현지인들에 대한 실망과 혐오감을 꼽는데, 이들의 말에 의하면 인도네시아인들은 게으르고 불성실하며 눈만 뜨면 거짓말을 해대는 구제할 수 없는 사람들이라는 것이다. 인도네시아의 시장에서 순진한 얼굴의 상인들에게 몇 번 바가지를 쓰고 나면, 그리고 다시는 그런 실수를 되풀이하지 않기 위해서 굳은 각오로 더욱 처절한 흥정에 임한 후에도 또다시 바가지를 썼다는 것을 깨닫게 되면, 그리고 이 고통스러운 과정을 몇 차례 되풀이하다 보면 저도 모르게 그런 생각이 들 수도 있다.

"왜 그렇게 처음 가격을 비싸게 부르지요? 애초에 적정가격을 부르면 밀고 당기고 흥정에 힘을 들일 것도 없이 오히려 여러모로 장사하기 쉬울 텐데."

우붓 시장 근처 어느 기념품 상점 주인과 친해진 내가 이렇게 묻자 그는 다음과 같이 대답했다.

"우리가 싼 가격을 부르든 비싼 가격을 부르든 어차피 물건을 사는 사람들은 그 값을 어떻게든 깎아보려고 한단 말이에요. 그럴 거면 비싼 값을 부르는 편이 훨씬 낫지요. 게다가, 내가 부르는 값을 다 주고 물건을 가져가는 마음씨 좋은 외국인도 간혹 가다 한 명쯤은 있거든요."

현지인의 다섯 배가 넘는 요금을 거침없이 불러대는 베모 운전사의 태연한 얼굴 앞에서, 나와 우연히 내 옆에 앉게 된 낯선 외국인은 저도 모르게 서로 쳐다보며 피식 웃는 것이다. 우리는 서로에게 이렇게 말하는 것 같다. 비록 이 나라의 자연은 아름다울지 몰라도 나는 모든 것이 정직한 정찰제로 착착 운영되는 합리적인 나의 조국을 애타게 그리워할 수밖에 없노라고. 조금 더 자세히 들여다보면 이런 표정이 읽힐 때도 있다. 이것도 다 인도네시아와 같은 개발도상국에서나 경험할 수 있는 문화적 체험의 일부이니 참고 받아들이는 수밖에 없다는, 약간의 위선이 섞인 고상한 체념 말이다. 언젠가 인도에서 묵었던 숙소의 늙은 주인은 빙글빙글 웃으며 이렇게 말했다.

"인도의 불결한 위생 상태에 대해 아무런 불평도 하지 않는 것은 영국인들뿐이야. 그 사람들은 식중독으로 앓아눕는 것도 모험의 일부로

부끼띵기 시장 풍경

여기고 기꺼이 견디거든."

여행의 모험이란 낯선 문화를 경험하는 일로, 오늘날 문화라는 말처럼 다방면에서 강력한 힘을 발휘하는 어휘는 많지 않을 것이다. 동남아시아에서 유독 문화적 향기가 강한 인도네시아를 좋은 여행지로 꼽는 것은 대부분 여행 경력이 상당한 사람들이다. 현지인들에게 속았다고 느끼는 관광객들이 유독 많은 이유 가운데 하나는 이 방대한 나라의 물가가 워낙에 싸기 때문이다.

인도네시아의 물가는 인도보다도 싸지 않을까 생각될 정도로 저렴한 편으로, 관광지인 발리도 꾸따레기안이나 사누르, 누사두아, 혹은 우붓과 같은 중심지를 벗어난 시골의 물가는 아주 싸다. 현지인들이 먹는 소박한 음식을 먹고 현지인들과 함께 베모를 타고 이동하며 밤마다 싸구려 로스멘*losmen. 값싼 숙박 시설의 통칭. 우리의 여인숙 정도에 해당한다에서 잠을 잔다면, 그렇게 순례자처럼 여행을 한다면 하루에 5달러로 지낼 수도 있다. 이렇게 물가가 싼 여행지에서 현지인들이 외국인 관광객들을 상대로 이익을 보기란 그리 어려운 일이 아니다. 원래 세 개에 천 루피아인 찐 옥수수를 한 개에 천 루피아에 판다고 해서 그것을 귀신같이 알아차리거나 비싸다고 항의할 관광객은 많지 않을 테니까. 이렇게 싼 물가야말로 외국에서 온 관광객들을 흥정 대결에서 질 수밖에 없도록 만드는 가장 큰 원동력이다.

"깎고 깎아서 결국 원하는 값에 물건을 샀는데도 숙소로 돌아와 곰곰이 생각해보니 훨씬 더 깎을 수 있었던 것 같다니까."

결국 원가가 너무나 싸기 때문에 상인이 처음 부른 가격에서 상당히 깎아서 샀음에도 속은 듯 느끼게 된다는 뜻이다. 이쯤 되면 이미 흥정이란 마술의 덫에 걸려 정작 물건 사는 것보다는 깎는 행위 자체에 더 집착하게 된다. 저 물건의 원가가 대체 얼마일까 너무 깊게 생각할 필요는 없다. 알면 알기 전보다도 더욱 괴로워지니까. 원하는 물건을 원하는 값에 샀으면 그것으로 족한 것이다.

우붓에 머물던 나는 꾸따로 가기 위해 베모를 타고 우선 중간 지점인 바뚜불란──베모 터미널이 있는 곳이다──에 내렸다. 기다리고 있던 것처럼 너덧 명의 운전사들이 우르르 몰려들어 나를 빙 둘러쌌다. 서로 자신의 베모에 태우려는 것이다. 바뚜불란에서 꾸따로 직접 가는 베모가 없기 때문에 두 번 더 베모를 갈아타야 한다. 아니면 소위 이렇게 '스페셜 베모'를 단독으로 빌려야 한다. 행동이 재빠른 운전사 한 명은 이미 내 가방을 들고 앞장서서 성큼성큼 걷고 있었다.

"잠깐! 먼저 차비를 정하고 갑시다!"

나는 운전사를 따라가며 소리쳤다.

"꾸따까지 특별 가격 20만 루피아에 해주지!"

"말도 안 돼. 2만 루피아로 합시다."

눈 부라림.

"15만 루피아!"

"2만!"

다시 한 번 눈 부라림.

"좋소. 10만!"

"안 돼요. 2만!"

십여 분간 옥신각신한 끝에 가격은 25,000루피아까지 내려왔다. 발리에서, 정찰제가 지켜지지 않는 여행지에서 흥정이란 대개 이런 식이다. 정력과 시간의 낭비를 참을 수 없어 하는 합리적인 인간들에게 인도네시아는 확실히 피곤하기 짝이 없는 여행지이다. 그러나 그런 상황에 처한다고 해도 너무 괴로워하지는 말기를. 상대방도 그 번거로운 과정을 그다지 즐기는 것처럼 보이지는 않으며, 설령 뱀의 혓바닥과 놀라운 연기력을 가진 상대에게 속았다고 해도 결국 그 액수는 서울의 근사한 카페나 백화점에서 한 순간에 아낌없이 지출되는 돈, 혹은 일요일마다 헌금을 통해 숭고한 목적에 바쳐지는 돈의 아주 작은 일부에도 미치지 못한다. 아름다운 여행지에서 돌연 가슴이 다 아파올 정도는 아닌 것이다.

3

열대의 추억

두 갈래 길

낯선 환경에 처한 어린아이나 동물이 어떻게 행동하는지 그 반응 양식을 관찰하는 것은 상당히 흥미로운 일이다. 동남아시아를 처음 방문하는 친구 G와 함께 발리에 가게 되었다. 그녀는 평소 나의 여행 이야기를 재미있게 듣곤 했는데 제3세계에서의 자유로운 여행이 대체 어떤 것인지 은근히 궁금해하는 눈치였다. G는 가장 좋아하는 외국이 어디냐는 질문을 받을 때마다 영국과 일본을 꼽곤 하는 영화학자로 미국에 거주했다.

G는 자태며 성품이 모두 단정하고 깔끔하며 대단히 여자다운 여자였다. 어떤 기준으로 보아도 얌전하고 가정적이었고 바로 그 점 때문에 나는 여태 그녀와 모험을 연관지어본 적이 거의 없었던 것 같다. 침

착하고 인내심이 강한 그녀는 여행의 동반자로 손색이 없는 상대였지만 내가 좋아하는 목적지, 특히 동남아시아와는 그다지 걸맞지 않은 인물로, 서유럽의 고풍스러운 거리나 잘 가꾸어진 공원, 뉴잉글랜드 지방에서 흔히 볼 수 있는 안락하고 목가적인 B&B*bed and breakfast. 잠자리와 아침 식사를 제공하는 숙박 시설에 잘 어울릴 법한 숙녀였다.

늦은 봄 어느 화창한 오후, 마침 서울에 잠시 머물고 있던 G는 각종 패키지 관광 정보가 가득 실린 신문을 가지고 나를 찾아왔다. 본격적인 비수기를 맞아 각 여행사마다 경이로운 가격들을 선보이고 있었다. 발리로 가는 패키지여행은 놀랍게도 십여 년 전 내가 처음으로 발리에 갔을 때 지불한 왕복 비행기 삯보다도 더 쌌다.

"이렇게 싼 가격이면 대체 어떤 내용의 패키지일까?"

"글쎄. 하루 종일 기념품 공장으로 끌고 다니면서 쇼핑을 시키고, 옵션 투어를 안 하겠다고 하면 성난 가이드가 나서서 우릴 몽둥이로 때릴지도 모르지."

여행사 홈페이지에 가보니 회사를 소개하는 글 중 다음과 같은 문구가 있었다.

"우리는 고객님들의 관심이 여행의 질은 물론 가격에도 있음을 주지하고……."

값이 쌀뿐더러 3박 4일의 일정이 끝나면 연장 체류가 가능하다는 점이 마음에 들었다. G와 나는 단체 관광객 틈에 끼어 발리로 향했다. 예상했던 대로 각종 공예품 공장들을 돌아다니며 쇼핑을 하고 끼니때가 되면 한국 식당에 가서 맛없는 밥을 먹었다. 가이드는 한국말에 능통한 현지인 '왓다마' 씨였는데 우리가 비록 옵션 투어는 하지 않았지

만 팁을 두둑하게 주자 별 불만이 없는 눈치였다. 소중한 자유를 되찾는 데 나흘이 걸렸다. 나흘째 되던 날 오후, 우리는 일행이었던 사람들과 작별하고 마침내 춤을 추며 꾸따로 떠났다.

"자, 여기가 바로 그 유명한 거리야."

혼란의 꾸따 한복판에 선 G의 얼굴을 보고 나는 깊은 감명을 받았다. 엔진 소리 요란한 오토바이와 택시, 사륜 구동 지프들, 외국인 여행자들과 현지인 삐끼들로 넘치는 복잡한 거리에서 그녀는 이미 열 번도 더 와본 곳에 다시 돌아온 듯 태연한 표정을 짓고 있었다. 이쯤에서 G에 대해 조금 말해둘 필요가 있을 것 같다. 그녀로 말하자면 어떤 일이 벌어지든 깜짝 놀라거나 당황하여 허둥대는 것을 수치스럽게 생각하는 인간으로, 아무리 낯설거나 난처한 상황이라고 해도 아무렇지 않은 척 견뎌내려고 남몰래 노력했다. 나는 언젠가 그 애가 꽤 큰 돈이 든 지갑을 잃어버렸던 것을 기억하는데, 현금이 많았던 것은 물론 각종 신분증에 신용카드까지 모두 든 지갑이라 누구라도 낭패감을 감추기 힘든 상황이었다. 그러나 잠깐 눈살을 찌푸렸던 그녀는 곧 대수롭지 않다는 듯한 얼굴로 이렇게 말했다.

"아, 괜찮아. 신용카드는 전화 한 통이면 중지시킬 수 있고 신분증은 다시 만들면 그만이니까. 그 지갑을 어디서 떨어뜨렸는지는 모르겠지만 이왕이면 좀 가난한 사람이 주웠으면 좋겠는데. 그건 그렇고, 보기 흉측한 지갑이라 안 그래도 버리고 새로 하나 사려고 했는데 아주 잘됐지 뭐야. 이참에 아주 예쁜 지갑을 새로 장만해야겠다."

숙소를 찾아 골목들을 돌아다니던 우리는 일박에 사천 원짜리 싸구려 로스멘에 투숙하기로 결정했다. 국제적인 체인 호텔만 봐오던 사람이라면 문화적 충격을 감추기 힘들 만한 곳이다. 멀리 해변에 들어선 커다란 호텔들이 바라보이는 너절한 3층 건물의 3층 방이다. 더럽지는 않지만 깨끗하지도 않은 방에는 초라한 침대가 두 개 놓여 있고 방 한 구석에는 날개에 먼지가 뽀얗게 앉은 선풍기가 덜덜거리는 소리를 내며 돌아가고 있었다. 화장실에는 서양식 변기가 놓여 있었지만 샤워기에서 더운 물은 나오지 않았다. 모처럼의 휴가를 위해 이런 곳에 묵고 싶은 사람은 아무도 없을 것이다.

"어때? 여기서 잘 수 있겠어?"

영국의 B&B와 일본의 아늑한 료칸(일본식 여관)을 사랑해 마지않는 G에게 내가 물었다.

"아주 마음에 들어. 개성 없는 중급 숙소보다는 차라리 여기가 훨씬 더 좋은데."

터프한 여행에 대해서, 그리고 그런 여행자들에 대해서 그녀는 오래된 동경을 품고 있었다. 프루스트 시의 등장인물처럼.

단풍 든 숲 속에 두 갈래 길이 있더군요,
몸이 하나니 두 길을 다 가 볼 수는 없어
나는 서운한 마음으로 한참 서서
잣나무 숲 속으로 접어든 한쪽 길을
끝간 데까지 바라보았습니다.

그러다가 또 하나의 길을 택했습니다, 먼저 길과 똑같이 아름답고,
아마 더 나은 듯도 했지요,
풀이 더 무성하고 사람을 부르는 듯했으니까요.
사람이 밟은 흔적은
먼저 길과 비슷하기는 했지만,
서리 내린 낙엽 위에는 아무 발자국도 없고
두 길은 그날 아침 똑같이 놓여 있었습니다.
아, 먼저 길은 다른 날 걸어 보리라! 생각했지요.
인생 길이 한번 가면 어떤지 알고 있으니
다시 보기 어려우리라 여기면서도.
오랜 세월이 흐른 다음

나는 한숨지으며 이야기하겠지요.
"두 갈래 길이 숲 속으로 나 있었다, 그래서 나는
—사람이 덜 밟은 길을 택했고,
그것이 내 운명을 바꾸어 놓았다."라고.

—프로스트, 「걸어보지 못한 길」

우리가 묵은 로스멘은 가지 못한 길에 대한 G의 뒤늦은 욕망을 채워주기에 비교적 적합한 장소였다. 장기 휴가를 온 젊은 유럽인들과 호주인들이 우글거리는 싸구려 숙소로 너절하긴 해도 퇴폐적인 매력이 풍겨 났다. 시설이라고 할 만한 것은 낡아빠진 선풍기 한 대 뿐이었지만 커다란 창문으로 볕이 잘 들어서 아주 환했고 마주치는 옆방의 이웃들은 하나같이 영화배우를 지망하는 야망에 찬 바텐더나 웨이트리스들 같았다. 여기저기 피어싱에 화려한 문신, 갈색으로 탄 날씬한 몸에 옷이라고 할 만한 것은 거의 걸치지 않았다. 그들은 야생동물처럼 우아하고 날렵한 동작으로 숙소 곳곳을 돌아다녔다. G가 속삭였다.

"저 애들 분명히 마약을 할 것 같아. 하드코어가 아니라면 마리화나라도. 안 그래?"

"뭐 그럴지도 모르지."

근사한 오후였다. 우리는 방 앞 베란다에 놓인 의자에 걸터앉았다. 탁 트인 전망이 눈앞에 있었다. 저 멀리 푸른 하늘 아래 야자나무들이 보였다. 회색 콘크리트 건물 사이에 군데군데 솟아오른 열대 야자수라니, 기묘한 풍경이다.

"여기 아주 좋은데. 진짜로 말이야."

G는 집으로 돌아온 것처럼 편안한 표정으로 다리를 꼬고 앉아 끄레떽을 한 대 피워 물었다. 항상 흡연을 혐오해온 그녀였지만 마치 다른 사람으로 변한 듯 입술을 반쯤 벌리고 하얀 연기를 길게 내뿜었다. 나는 보지 않는 척 그 모습을 자세히 관찰했다. 맛있다는 표정으로 끄레떽을 얼마나 빨았을까, G는 벌떡 의자에서 일어나더니 베란다의 넓적한 난간 위에 위태로운 포즈로 벌렁 드러누웠다. 우아한 허리를 가진 고양이처럼.

"사진을 한 장 찍어줘."

나는 순순히 카메라를 집어 들었다. 환경은 인간을 바꾼다. 모범생인 G는 표정마저 이전과는 달라진 것 같았다. 따분한 내가 아닌 다른 어떤 인간, 실제보다 훨씬 더 멋지고 자유로운 어떤 존재가 되고 싶은 욕망이 발동하는 순간은 누구에게나 있다. 실재란 개인과 환경 간의 지속적인 관계가 만들어 낸 허상에 불과한 것일까. 내가 카메라의 셔터를 눌렀을 때 G는 들릴락말락 아주 가느다랗게 한숨을 내쉬었다. 행복에 겨운 사람처럼.

발리는 동남아시아의 전형이 아니라 가장 예외적인 한 조각이었다. 친구에게 더 많은 것을 보여주고 싶었다. 우리는 프로펠러 비행기를 타고 발리를 떠나 롬복으로 건너갔다.

롬복

롬복(Lombok)은 발리에서 동쪽으로 생물학적 경계인 월리스선*
Wallace's line. 동물 분포학상 아시아 주와 오스트레일리아 주를 구획하는 경계선으로, 발리 섬
과 롬복 섬 사이를 통과해 북쪽으로 술라웨시 섬과 보르네오 섬 사이를 지나간다을 넘어 자
리한, 누사뚱가라 제도의 첫 번째 관문이다. 발리에서 비행기로 20분이
면 닿을 수 있는 거리지만 마치 20년 이상 떨어진 듯 아득하게 느껴지
는, 파티를 원하지만 않는다면 휴양에는 오히려 더욱 적합할 듯한 고
요한 섬이다. 한결 건조한 기후대에 위치하고 있기 때문에 풍광도 발
리와는 사뭇 달랐다.

롬복 섬의 한 가지 문제는 위험 수위에 도달한 가난이었다. G와 내
가 섬을 방문하던 그해는 유독 사정이 좋지 않았다. 내가 오래전 롬복

을 찾았을 때에는 느끼지 못했던 위기감이 섬 전체에 팽배했다. 마따람의 조그만 공항을 빠져나온 우리를 기다리고 있던 것은 먹잇감을 두고 아귀다툼을 하는 듯 안타까운 아우성을 치는 택시 기사들과 호텔에서 파견된 삐끼들이었다. 그들은 발리에서 경험한 것과는 비교할 수 없을 만큼 공격적인 몸짓으로 외국인을 향해 달려들었다. 롬복은 이웃인 발리보다 훨씬 번화한 지역으로, 외국인 관광객을 상대하는 현지인들의 호전성은 열악한 경제상 때문일 뿐만 아니라 힌두교도의 섬인 발리와는 달리 이슬람교의 영향으로 형성된 문화적 차이에서 기인한 특성인 듯하다. 초라한 차림새에 검게 그을린 얼굴, 굶주린 듯 허겁지겁 덤벼드는 운전사들을 보고 G는 더럭 겁을 먹은 듯 내 팔을 힘껏 붙잡았다.

"괜찮아. 돈을 벌고 싶은 것뿐 우릴 해치려는 건 아니야."

가방을 향해 집요하게 손을 뻗치는 삐끼들을 뿌리치고 택시를 잡아탔다. 롬복의 주 해변인 승기기(Senggigi)로 가는 길에는 짤막한

이슬람교 동남아의 이슬람교는 극히 비타협적인 아라비아 반도의 이슬람교와는 크게 다르다. 그 이전의 힌두교나 불교와 마찬가지로, 이슬람교의 엄격성 또한 이곳에 와서 '열대화' 과정을 겪으며 많이 순화되었다. 오늘날 인도네시아 이슬람교도의 약 절반은 정통파인 산트리파에 속하지만, 나머지 반인 아방간파 일반 신도들은 기도와 식사에 관한 율법조차도 지키지 않을 정도로 자유분방하다. 이들의 신앙에는 힌두교와 불교의 요소가 가미된 것 외에도 토착 무속 신앙이 두드러지게 나타나고 있다. 산트리파 신도들은 반드시 하루 다섯 번씩 기도하고, 아랍어를 배우고, 평생 적어도 한 번은 메카를 순례하지만, 아방간파 이슬람교도들은 기껏해야 공식 행사 때에나 기도를 할 뿐이다

우붓의 논 풍경

그루터기만 남은 논, 푸른 벼 이삭이 춤을 추는 논, 추수가 한창 이루어지고 있는 금빛 논들이 연달아 펼쳐졌다. 밀짚모자를 쓴 조그만 사람들이 이런저런 일을 하고 있었다. 발리와는 비교할 수 없을 만큼 차량이 적은 평화로운 시골 풍경이다. 그러나 막상 도착한 승기기 해변에는 평화보다는 침체에 가까운 적막이 가득했다. 길에는 행인들이 거의 없었다. 발리 옆이라는 지리적 조건을 이용하여 관광지로 개발하려는 야망을 가졌지만 롬복은 결코 발리가 될 수 없었다. 짧은 휴가를 얻어 발리를 찾은 외국인들 중에서 술과 유흥을 절제하는 이슬람권 지역인 롬복에 들를 필요성을 느끼는 이들은 극소수에 불과했다. 그 증거로 남은 것이 바로 롬복 관광산업의 전진 기지인 승기기 해변이다. 관광 붐이 일면서 전망이 그럴듯한 곳은 어디에나 큰 규모의 호텔들과 작은 숙소들이 들어섰지만 9.11 사태 이후로 얼어붙은 관광업 경기 퇴조의 직격탄을 맞아 유령 마을처럼 퇴락하고 말았다.

　해변의 어느 호텔이나 텅텅 비어 있었고 단체 관광객의 모습을 일체 볼 수가 없었다. 마치 역병으로 주민들이 모두 철수해버린 마을처럼 죽은 듯 고요하기만 했다. 관광객이 줄어든 덕분에, 그리고 인도네시아 화폐인 루피아의 폭락 덕분에 우리는 한때 50달러는 너끈히 받았음 직한 호텔에 아침 식사를 포함해 단돈 12달러를 주고 묵기로 했다. 그 호텔에 단 하나뿐인 스위트룸이었다. 객실 수가 50개 정도인 별 세 개짜리 호텔이었는데 객실 점유율은 20퍼센트에도 미치지 못하는 듯 넓디넓은 수영장에는 사람이 거의 없었다.

　활처럼 둥그스름한 곡선을 그린 푸른 해변이 한눈에 내려다보이는 아주 널찍한 방이었다. 발리니즈 스타일로 꾸며진, 킹사이즈 베드가 두 개 놓인 방에는 멋있는 발코니도 딸려 있었다. 그리고 거대하다고밖에 말할 수 없는 크기의 월풀 욕조가 있는 대리석이 깔린 욕실도.

"욕실이 운동장처럼 넓어. 사람 열 명이 동시에 들어가서 모두 함께 거울을 보며 양치질을 할 수 있을 정도야."

이 모든 것이 하루에 12달러라니, 이 정도면 어지간히 무딘 사람이라 할지라도 행복하다는 느낌이 들 만하다.

"네가 왜 인도네시아 여행을 좋아하는지 이제 알겠군."

G는 드디어 비밀을 알아냈다는 듯 만면에 미소를 지었다.

"이건 마치 '모든 것을 오늘 하루만 20년 전 가격으로 드립니다. 마음껏 골라잡으세요.' 하고 말하는 것 같잖아. 정말 근사해."

저녁 식사를 위해 우리는 호텔 근처에 있는 한 식당으로 들어갔다. 꽤 멋진 곳이다. 정교하게 만들어진 나무 테이블과 의자가 드문드문 놓인 식당의 실내장식이 극도로 세련되어 아주 까다로운 사람이라도 흡족해할 정도였다. 고요한 분위기 속에서 어디선가 시냇물이 튀기는 듯 가벼운 가믈란*gamelan. 타악기가 중심이 되는 인도네시아의 합주 형태 또는 그 악기들 소리가 들려오기 시작했다. 상그리아와 맥주를 시켜놓고 잔뜩 먹었는데도 식사를 마치고 받은 계산서의 금액은 10달러 남짓이다.

"한국으로 제발 절 좀 초청해주세요."

우리에게 공손한 몸짓으로 계산서를 가져다준 종업원 한 명은 아까부터 기둥 뒤에 숨은 채 한참 동안 나와 G를 관찰한 것 같았다. 머뭇거리더니 갑자기 다가와 진지한 얼굴로 사정하기 시작한다. 해외 취업을 원한다고 했다.

"이 식당에서 월급을 얼마나 받고 있지요?"

"팁을 합쳐서 대략 30달러 정도예요."

이미 중년으로 접어든 남자 종업원은 수줍은 듯 대답했다.

"한국에서 일자리를 구할 수 있을지도 모르지만 거긴 아저씨가 살기에 그렇게 좋은 곳은 아니에요. 열대에서 지내던 사람들에게는 그곳 기후가 너무 춥고, 월급을 여기서보다 훨씬 많이 받는다고 해도 생활비로도 써야 하니까 생각만큼 많은 돈을 모으기는 힘들 겁니다."

G가 침착하게 설명했다. 나도 덧붙였다.

"뿐만 아니라 월급을 제때 받지 못할 수도 있고, 나쁜 사장을 만나면 고생할 거예요. 운이 없으면 일을 하다가 크게 다칠 수도 있고요. 그런 것, 우린 이미 TV에서 많이 봤어요."

한국인들 중에는 외국인 공포증이 있는 사람도 있어요.

사정이 어려워도 고향인 이곳에서 가족과 함께 단란하게 사세요.

그러나 종업원은 막무가내로 졸라댔다. 특히 상냥해 보이는 G에게 필사적으로 매달렸다. 모든 것을 감수하고 있으니 불러만 달라고, 초청장이 없으면 브로커를 통해서 비자를 얻어야 하는데 돈이 너무 많이 들기 때문에 엄두도 낼 수 없다고 했다.

"한국에서라면 몇 년만 바짝 벌어도 여기서는 평생 만져보기 힘든 거금을 모을 수 있다고 들었어요. 그 돈을 가지고 롬복으로 돌아와서 조그만 가게를 하나 내는 것이 소원이에요. 어떻게든 제발 꼭 가고 싶어요. 절 좀 초청해주세요."

그는 나와 G의 호주머니에 자신의 주소와 연락처를 적은 종잇조각을 하나씩 넣어주었다. 간절한 남자의 몸짓에 G의 얼굴이 어두워졌다.
"그렇게 슬퍼하지 마. 여행을 하다 보면 저런 부탁을 하는 사람이 많으니까. 어차피 저 사람도 정말 도움을 받을 수 있을까 기대하고 우리에게 연락처를 준 것은 아니야. 그냥 한번 해본 말일 뿐이야."
식당을 나온 우리는 허름한 가게를 하나 발견하고 밀주——이슬람 사회인 롬복 섬의 술은 물론 모두 밀주다——인 아락*Arak. 쌀로 빚은 무색 투명한 술을 커다란 병에 1달러가량 주고 샀다.
"하늘을 좀 봐. 여태 저렇게 많은 별을 한꺼번에 본 적이 한 번도 없어."
밤하늘에는 반짝거리는 별들이 그만 무리 지어 떠 있었다. 별들을 따라 정신없이 얼마나 걸었을까, 나는 그만 길 한복판에 뾰족하게 튀어나온 돌에 발이 걸려 넘어졌다. 손으로 땅바닥을 짚는 바람에 오른손에 들고 있던 술병을 놓쳐버렸다. 무릎에 묻은 흙을 털었다. 땅에 떨어진 술병은 이미 산산조각으로 깨어진 후였다.
"다시 한 병 사올까?"
"그만둬. 아까 그 가게로 돌아가기에는 너무 늦었어."
안타까운 얼굴로 깨진 술병을 바라보던 G는 이윽고 그 앞에 조심스럽게 무릎을 꿇었다. 기도를 하려는 사람처럼. 하루 종일 뜨거운 태양볕에 바짝 메마른 흙이 아락에 젖어 거무스름한 빛이 번져나갔다. G는 고개를 수그리고 잠자코 그 향기를 맡았다.
"독한 술인가 봐. 이 정도만으로도 벌써 좀 취한 기분인데."
자, 이제 네 차례야. 친구의 말에 나는 술병의 잔해 앞에 순순히 꿇어앉았다. 투명한 액체에서 풍기는 냄새를 코가 아릴 때까지 맡았다.

하늘에는 별이 맑게 빛나고 풀벌레 우는 소리가 나직하게 들렸다. 그리고 그리운 기억처럼 끈질기게 따라붙는 파도 소리.

　호텔로 돌아왔다. 술 냄새에 취한 덕분에 머지않아 깊은 잠을 잘 수 있었다.

바닷가의 햇볕이 듀오

　G를 위해서라면 발리에 계속 머물면서 기념품 가게와 갤러리, 근사한 식당들을 유유자적 순례하는 편이 더 나았을 것이다. 롬복 섬에 도착하자마자 나는 내가 행선지 선정에 있어 실수를 범했음을 깨달았다. 발리가 동남아의 전형이 아닌 것처럼 롬복 또한 전형적인 목적지가 되기에는 지나치게 호전적인 장소였다. 이 섬이 G에게 준 문화적인 충격은 그다지 유쾌한 것이 아니었던 것 같다. 우리는 벼르고 찾아간 그 섬에서 기대했던 것만큼 행복하지 못했다.

　사실, 마을과 해변들은 상당히 아름다웠다. 눈을 두는 곳마다 대체 여기가 어딜까 잠깐 생각에 잠기게 하는 낯설고 쓸쓸한 풍경들……. 올이 굵은 노르스름한 모래사장에는 인적이 거의 없었고 하얀 파도 거품이 부글거리는 새파란 바다는 건조한 기후의 지중해, 철 지난 바닷가를 연상시켰다. 바람이 몹시 불어 머리카락이 끊임없이 날렸다. 거칠고 쓸쓸한 풍광은 심지어 지구 반대편의 콘월 지방을 떠올리게 하는 느낌마저 있었다. 해안을 감싸고 있는 병풍과도 같은 돌산들의 거친 모습이 매우 독특했다. 문제는 이 작은 어촌 마을 사람들의 상당수가 오래 지속된 가난과 상대적 박탈감으로 인해 위험스러울 정도로 난폭해져 있다는 것이다. 처음에는 유순했으나 너무 오래 굶어 도저히 다른 생각을 할 수 없게 되어버린 작은 동물들처럼.

이튿날 아침, 근처 해변으로 해수욕을 하러 가기 위해서 오토바이를 한 대 빌리려고 했지만 발리보다 훨씬 비싼 가격 때문에 그만두고 말았다. 대신 지나가는 동네 청년을 불러 사례를 할 테니 우리를 그곳까지 태워다줄 수 없겠냐고 물어보았다. 청년은 흔쾌히 고개를 끄덕였지만 갑자기 어디선가 사람들이 몰려들더니 사람이 두 명이니 오토바이 한 대에는 어림없고 두 대를 빌려 한 명씩 타고 가라고 참견을 해댄다.

"싫어요. 보다시피 우리는 날씬해서 한 대에 충분히 같이 탈 수 있으니까요."

"그렇게는 태워줄 수 없어! 두 대에 타!"

그들은 당장에라도 우리를 뒤로 떠밀 태세였다. 거친 행동에 놀라 해변에 가는 것을 포기하고 숙소로 돌아가기로 했다. 얼마를 걸었을까, 아까 그 무리에서 이탈한 청년 한 명이 조용히 다가왔다.

"어서 내 오토바이에 타요."

사람들이 다시 달려와 우리를 끌어내리기 직전 나와 G는 청년의 뒤에 매달려 마을을 벗어날 수 있었다. 반시간쯤 후 목적지인 해변에 닿았다. 각종 꾸러미를 팔과 머리에 인 장사치들이 십여 명이나 진을 치고 있다가 우리를 향해 달려들었다. 겨우 뿌리치고 해변의 그늘에 눕자 이번에는 조그만 소녀 두 명이 슬금슬금 다가왔다.

"사롱 하나만 사주세요."

소녀들은 바틱으로 만들어진 사롱을 몇 개 주섬주섬 펼쳐 놓았다.

"얼마지?" 길게 드러누운 채 내가 물었다.

"5만 루피아예요. 아주 싼 값이에요."

"5만이라니, 너무 비싸. 그렇게 비싸면 살 수 없어."

나와 그들 간에 흥정이 시작되었다. 처음에 예닐곱 살로 보였던 소녀들은 가만히 들여다보니 체구는 작지만 성숙한 얼굴 생김새며 표정이 열 살은 넘은 듯했다. 햇볕에 노랗게 바랜 긴 머리카락을 좁은 어깨에 집시처럼 길게 늘어뜨리고 어른의 옷을 줄여 만든 듯한 허름한 차림에 검은 맨발에는 닳아빠진 고무 슬리퍼를 신고 있었다.

"3만까지 드릴게요. 정말 좋은 가격이에요."

"2만 루피아. 그 값에 팔겠다면 사지. 하지만 그 이상은 안 돼."

"그 값에는 안 돼요! 우리 엄마가 손수 만든 것인데, 그렇게 팔면 만든 값도 안 나와요!"

두 소녀가 동시에 거의 울듯이 부르짖었다.

"2만 루피아야. 그 이상은 못 줘."

내가 잘라 말하자 소녀들은 서로 얼굴을 바라보며 머뭇거렸다.

"이봐, 달라는 대로 그냥 3만을 줘. 저 애들, 재료비도 안 나온다 잖아."

G가 나를 노려보았다. 할 수 없이 그녀가 시키는 대로 3만 루피아를 주고 사롱을 사자 다른 소녀가 흐느껴 울며 G에게 매달렸다.

"저는 오늘 하나도 못 팔았어요! 제 것도 하나 꼭 사주세요!"

머뭇거리던 G는 사롱 꾸러미를 뒤져 중국 식당 테이블보로나 쓸 법한 휘황찬란한 주황색 천을 한 장 집어 들었다.

"네가 유니세프에서 파견 나온 요원처럼 행동하는 것을 나무랄 생각은 없지만 말이야."

나는 지갑을 열어 돈을 치르는 친구에게 비웃듯 말했다.

"2만이었으면 적정가 이상이야. 저런 저급한 사롱에 3만이라니, 우리는 둘 다 저 애들에게 보기 좋게 속아 넘어간 거야. 너는 이제 우리가 물건을 사줬으니 저 애들의 가족이 오늘 저녁밥을 배불리 먹을 것 같겠지?"

나는 소녀들을 향해 손짓했다.

"귀여운 숙녀들아, 이미 돈을 받았으니 이제 내 질문에 대답을 좀 해봐라."

소녀들은 혹시나 사롱을 한 장 더 팔 수 있을까 싶었는지 고개를 끄덕이며 눈을 반짝였다.

"엄마가 직접 만든 사롱이라는 말은 거짓말이지? 사실 너희 보스가 너희들에게 팔아오라고 할당해준 거겠지?"

망설이던 소녀들은 내 가짜 미소에 안심했는지 빙그레 웃었다.

"3만은 너무 비싼 거지? 내가 지금 또 한 장 산다면 이제는 만 루피아에도 팔 테지?"

소녀 한 명이 장난꾸러기처럼 혀를 쑥 내밀며 다시 고개를 끄덕였다.

"짠."

나는 멍한 얼굴로 있는 G를 향해서 콧방귀를 뀌었다.

"자선 사업을 펼치는 것도 좋지만 인간애를 발휘한답시고 내 쇼핑의 즐거움을 망치지는 말란 말이야. 이불 감처럼 두꺼운 이런 괴상한 사롱, 2만이면 적당한 값 이상이었어."

내 말에 G는 깔깔거리며 돈을 세는 소녀들 쪽을 쳐다보았다. 그러고는 손에 들고 있던 울긋불긋한 주황색 바틱을 내려다보았다. 하얀 얼굴이 점차 일그러졌다.

"너무 억울해하지 마. 만 루피아면 고작 1,200원 더 준 것뿐이니까. 그 돈이면 런던이나 도쿄에서 지하철 한 번도 제대로 못 타잖아. 결식 아동을 도와준 셈 치라구. 그게 바로 물가가 싼 나라를 여행하는 즐거움 가운데 하나니까. 속았다고 해봐야 가슴이 쓰라릴 정도는 아니거든."

장사를 마친 소녀들은 어깨동무를 한 채 우리가 알아들을 수 없는 노래를 부르며 해변 반대편으로 사라져버렸다. 햇볕에 노랗게 빛바랜 긴 머리를 바닷바람에 나부끼면서.

"못된 계집애들, 가만두지 않을 테다."

G가 분통한 얼굴로 이를 악물었지만 앵벌이들을 다시 만난다고 해도 그녀는 또다시 기꺼이 바가지를 썼을 것이다. 어린애와 임신부, 노인들에게 언제나 친절한 사람이므로.

내가 미처 예상치 못했던 것은 G의 우울증이었다.

롬복에 온 이후 그녀는 발리에서 머물 때와는 다른 사람처럼 발수가 줄었다. 1990년대 후반의 아시아 경제 위기와 9.11 사태 이후 급감한 관광 퇴조의 여파가 아니더라도 이 건조하고 척박한 섬은 풍요로운 발리와는 비교할 수 없이 가난했다. 가난은 주민들의 위장뿐 아니라 관대함마저 평소보다 쪼그라뜨린 듯 우리가 머문 바닷가 마을의 분위기는 살벌하다는 말 이외에는 설명할 길이 없었다. 마흔 넘은 남자의 표정과 눈빛을 지닌 열 살짜리 꼬마가 그 괴상한 부조화로 우리를 섬뜩하게 하는가 하면, 이제 겨우 걸을 나이의 꼬마가 조그만 파인애플 한 개를 팔기 위해 30분 이상 외국인들의 뒤를 따라 맨발로 뜨거운 길을 달려왔다. 이제 그 아이가 사는 집을 찾아가려면 조그만 발바닥이 흘린 붉은 핏자국만 따라가면 되리라.

그러나 새벽에 일어나 돌아본 마을 주변은 매우 아름다웠다. 맑고 시원한 바람이 키 큰 야자수들 사이로 불어오고, 해가 뜨기 시작한 하늘에 붉은색과 푸른색이 반씩 섞인 채 구름을 따라 이리저리 번져나갔다. 몸집이 커다란 소들이 어슬렁거리며 풀밭을 지나다니고, 도미노를 하는 것처럼 집마다 닭들이 연달아 목청 높여 아침을 알렸다.

우리는 이곳을 떠나 더 깊숙이 들어가보기로 했다. 방살(Bangsal) 항구를 거쳐 롬복 서북단 바다에 떠 있는 길리(Gili)라는 이름의 섬으로 향했다. 방살까지 세 시간의 드라이브를 위해서 자동차가 필요했는데, 현지인들은 우리에게 일반적인 가격의 몇 배를 요구했다.

"그 돈을 내느니 차라리 걸어갈래."

여행이 계속되면서 G는 환경에 적응하다 못해 어느새 전사(戰士)로 변해 있었다. 나와 그녀를 슬프게 한 것은 터무니없는 가격 그 자체보다도 흥정에 임하는 현지인들의 적대적인 눈빛이었다. 발리 어디서도 경험한 적이 없는 증오였다. 그들은 자신들이 우리를 전혀 좋아하지 않는다는 것, 좋아하기는커녕 미워 죽을 지경이라는 것을 조금도 숨기려 들지 않았다. 낯선 존재에 대한 태생적인 혐오감이라기보다는 외국인으로 표상되는 가진 자에 대한 격렬한 미움, 또는 가난에 대한 자기혐오의 반동으로 생겨난 위험스러운 적의였다. G와 내가 자동차를 가진 마을 사람에게 접근하여 가격을 협상하려 할 때마다 다른 사람들이 몰려와서 팔을 휘저으며 흥정이 성사되는 것을 방해했다. 만일 누군가가 다수를 배신하고 우리 편에 선다면 집단 린치도 서슴지 않을 분위기였다.

"카르텔이 꽤나 굳건한걸."

G의 얼굴이 어두워졌다. 다행히도 남자 한 명이 우리의 끈질긴 설득에 넘어가 교통편을 제공하기로 했다.

"내가 이렇게 싼 값에 너희를 태워다주었다는 것을 절대 마을 사람들에게 말하면 안 돼."

그는 손으로 자기 목을 댕강 자르는 시늉을 하며 눈을 부라렸다.

간간이 푸른 바다가 보이는 숲길을 얼마나 달렸을까, 드디어 그리운 방살 항구가 멀리 보였다. 내가 탄성을 지른 순간 자동차가 멈춰섰다.

"아니, 무슨 일이에요?"

나는 어리둥절했다. 항구가 저기 보였다.

"더 이상 못 가. 여기서 내려야 돼."

남자는 귀찮다는 듯 이렇게 말했다. 바리케이드처럼 길 복판에 나뭇가지가 쌓여 있었다. 현지인 몇몇이 길을 일부러 막아놓은 것이다.

"여기서부터 항구까지는 망아지가 끄는 마차를 타고 가야 해. 자동차는 못 들어가니까."

"그런 법이 어디 있어? 망아지가 끄는 마차를 타라고요?"

G가 소리쳤다.

"항구까지 고작 50미터 남았을 뿐인데, 자동차로는 5초, 천천히 걸어도 1분이면 가는 거리인데, 마차는 무슨 마차! 포니가 끄는 카트를 타야 한다니, 여기가 무슨 디즈니랜드라도 되는 줄 알아요?"

그러나 남자들은 끄떡하지 않고 우리에게 마차 삯으로 일인당 1달러씩 낼 것을 종용했다.

"난 그 마차에 타기 싫어! 그냥 가방을 들고 항구까지 우리 발로 걸어가자! 바로 저기 보이잖아!"

여러분, 이곳이 바로 롬복 섬의 관광 마피아 소굴로 악명 높은 방살입니다. 이렇게 살벌한 곳은 드넓은 인도네시아 전역을 통틀어 어디에도 없을 것입니다.

버티던 우리는 할 수 없이 망아지가 끄는 마차에 올랐다. 1분 후 항구에 도착했다. 다시 남자들 너덧 명이 와글거리며 몰려들었다. 길리 섬으로 가려면 배를 빌리라는 것이다.

"우리는 배를 빌릴 필요가 없어요. 현지인들이 하는 대로 정기 보트를 탈 생각이니까요."

내가 점잖게 말하자 그들은 낄낄거리며 서로 눈짓을 했다.

"아아, 그 배를 타려면 최소한 세 시간은 기다려야 할걸. 하루에 두 편밖에 없는 배인데 얼마 전에 한 편이 출발했거든. 돈을 내고 따로 배를 빌리든지 아니면 여기서 세 시간을 꼬박 기다리시지."

여행은 이미 게임이 되었다. 어두컴컴한 대합실 의자에 앉은 나와 G는 책을 꺼내 들고 읽기 시작했다. 남자들은 5분에 한 번씩 와서 우리의 동향을 살피고 설득을 거듭했지만 우리는 못 들은 척 책에서 눈을 떼지 않았다. 그러나 근질거리는 느낌 때문에 나는 도저히 한 페이지도 제대로 읽을 수가 없었다. 넓은 대합실에 앉아 우리를 보고 있는 수많은 사람들. 적대감과 불신, 경멸이 섞인 시선에 나는 마침내 책을 무릎에 내려놓고 말았다. 반면 G는 창백한 얼굴로 책에 고개를 파묻은 채 단 한 번도 눈을 들지 않았다.

참다못한 나는 결국 배를 빌리는 데 합의했다. 다행히도 그 사이 일본인 여행자 두 명이 더 도착해서 우리가 내야 할 금액은 절반으로 줄어들었다. 배를 타기 위해 해변으로 향하려는데 어디선가 사내들이 나타나 우리가 든 짐을 잽싸게 빼앗았다. 짐을 날라주고 생활을 하는 사람들이다. 한 남자가 G를 손가락으로 가리키며 나를 보았다. 내가 고개를 끄덕이자 그들은 눈 깜짝할 사이에 양옆에서 G를 번쩍 들어올렸다. 비명이 울렸다.

"괜찮아. 너를 저 배에 태우려는 거야. 몸이 물에 젖지 않게 하려고."

나도 같은 방법으로 배에 올랐다. 팁을 주자 그들은 액수가 너무 적다며 우리의 짐을 다시 물에 빠뜨리겠다고 한동안 위협했다. 마음대로 하라고 말하자 그들은 저주를 퍼부으며 배에서 뛰어내렸다.

출발하기 직전 머리에 짐을 이고 진 현지인들이 어디선가 십여 명이나 나타나 배에 올라탔다.

"고맙다는 말 정도는 해도 좋을 텐데. 우리가 삯을 치른 배에 무임승차하는 거잖아."

일본인들이 투덜거렸다. 그래도 저 멀리 길리의 푸른 숲이 보이기 시작했을 때 내 가슴은 예전처럼 두근거렸다. 섬에 도착하면 모든 것이 지금보다 나아질 것이다. 내 옆에 앉은 G의 얼굴이 흥분으로 점점 굳어졌다.

롬복 섬 해변

파라다이스 생활

우리는 길리 섬 삼총사*길리 아일랜드는 길리트라왕안(Gili Trawangan), 길리메노(Gili Meno), 길리에어(Gili Air)의 세 개 섬으로 이루어져 있다 중에서 가장 한적하다는 길리메노에 머물기로 결정했다. 아름다운 이 섬이 관광화의 거센 물결에 휩쓸리지 않고 아직껏 배낭여행자들만의 천국으로 남은 이유는 단 하나였다.

"이 섬에는 민물이 나오지 않아."

내가 드디어 선언했다. G가 어떤 반응을 보일지 기대가 되었다.

"뭐? 민물이 나오지 않는다고?"

"그래. 어느 숙소든 바닷물 샤워뿐이야. 하지만 며칠간이니까 괜찮을 거다. 좀 미끈거리긴 하지만 씻다 보면 그럭저럭 익숙해질 거야."

"……정말 근사해."

G는 들릴락말락 조그만 목소리로 이렇게 중얼거렸다. 그녀는 숙소로 정한 소박한 나무 오두막의 안팎을 만족스럽게 둘러보았다.

"언젠가 이런 곳에 한 번쯤은 꼭 묵어보고 싶었어."

그녀는 1960년대 미국의 히피들에 대해서 향수를 가지고 있었다. 아닌 게 아니라, 원시적으로 지어진 커다란 오두막은 시골스러운 남국의 정취가 물씬 풍겨났다. 정자처럼 땅에서 조금 공간을 두고 올려 지은 널찍한 나무 오두막으로 두 개의 침대 위에는 하얀 모기장이 쳐져 있어 창문을 열고 서늘한 바람을 맞으며 쿨쿨 잘 수 있었다. 화장실은 노천이라 통풍이 그만이었는데 수도꼭지를 돌리면 바닷물이 세차게 쏟아져 내렸다. 오두막이 내륙 쪽으로 좀 들어간 곳에 자리를 잡아 테라스에서 바다가 보이지 않는다는 것이 유일한 흠이었다.

"상관없어. 1분만 걸어 나가면 보이는 거라곤 바다뿐인데 뭘."

넓은 부지에 열 채 남짓한 오두막을 가지고 있는 숙소 주인은 선량한 인상의 느낌이 좋은 남자였다.

"술 좀 어디서 못 구할까요?"

G가 물으니 그는 난처한 미소를 짓다가 이내 고개를 끄덕였다. 이슬람권의 시골에서는 술 구하기가 쉽지 않은데 의외였다.

"내가 담근 브럼*brem, 쌀로 빚은 술의 일종으로 막걸리와 비슷하다이 마침 아주 잘 익었어요."

그의 밀주 저장고에는 입구를 짚으로 틀어막은 커다란 유리병이 열 개가량 늘어서 있었다. 하얀 액체가 담긴 술 한 병과 함께 주인은 소주잔처럼 굽이 있는 조그만 유리잔을 두 개 내주었다.

이 오두막에서 십 년째 살아오고 있는 사람들처럼, 나와 G는 맨발에 수영복 차림으로 오두막 테라스의 의자에 나란히 앉았다. 바나나를 씹으며 브롬을 마셨다. 동동주와 유사한 맛이 나는 술이다. G는 다시 끄레떽을 한 개비 꺼내 불을 붙였다.

"야성으로 돌아간 것은 좋은데 말이야."

나는 담배 연기를 피해 고개를 돌리며 말했다.

"최소한 문명인답게 '담배 피워도 괜찮아?' 하고 물을 수는 없냐?"

그 말을 들은 척도 않고 G는 오두막 앞의 너른 뜰을 응시했다. 마른 풀들 틈새로 하얀 나비가 날아다니고, 멀리서 파도 소리가 들렸다.

"여기, 정말 좋은데."

그녀는 귀를 기울이지 않으면 들리지 않을 정도로 조그맣게 중얼거렸다. 배가 고파 견딜 수 없어질 때까지 우리는 그곳에 조용히 앉아 있었다. 습기라곤 전혀 없이 솜털처럼 바싹 마른 따뜻한 바람이 부드럽게 코끝을 스쳤다. 바다 냄새에 풀 냄새가 섞여 있었다. 고개를 들자 하얀 구름이 파란 하늘을 빠른 속도로 가로지르는 것이 보였다.

아니면 시간이 그렇게 빨리 흘러간 것인지.

우리는 나흘간 길리메노에 머물렀다. 오두막의 창문 틈새로 들어온 맑고 강렬한 햇살에 잠이 깨면 50여 미터 거리에 있는 바닷가 식당으로 비틀거리며 걸어가서 아침을 먹었다. 섬의 바다는 오래전 내가 본 것과 똑같을 정도로 투명한 하늘색이고, 발가락을 깊숙이 파묻은 해변의 모래는 하얗고 차가웠다. 수돗물처럼 맑은 물이 밀려드는 바닷가에는 종일 사람이 거의 없었다. G와 나는 지칠 때까지 스노클링을 하고 힘이 빠지면 엉금엉금 기다시피 모래사장으로 올라와 숨이 턱에 닿아 쓰러지곤 했다. 폭탄을 이용한 낚시와 엘니뇨 현상으로 산호는 대부분 파괴되어 보잘것없었지만 화려한 트리거피쉬와 크라운피쉬들이 많이 보여 심심하지는 않았다.

이런 천국에도 가난은 여전히 존재한다.

"달고 시원한 파인애플 사세요!"

얼굴이 검은 조그만 소녀가 파인애플과 칼이 담긴 바구니를 들고 접근했다. 해변에서 쉬는 외국인들에게 파인애플을 솜씨 있게 깎아 파는 아이들이다. 나무 그늘에서 배를 깔고 독서 중이던 G가 소녀를 불러 물었다.

"얼마냐?"

한 쪽에 칠천 루피아라는 대답이 돌아왔다.

"너무 비싸. 이천 루피아 줄게 하나 팔아라."

"흥, 그 돈이면 이 칼이나 사 잡수시지!"

살기에 찬 눈빛으로 소녀는 붉은 녹이 잔뜩 슨 조그만 칼을 쑥 내밀었다.

다행히도 친절한 현지인들이 훨씬 더 많았다. 숙소 근처의 어느 식당에 앉아 주문을 하려 하자 식당 종업원인 청년이 우리를 살피다가 슬쩍 묻는다.

"당신들, 이 섬에서 머무르고 있지요?"

"예, 바로 요 뒤쪽에 있는 오두막에서 지내요. 그런데 그걸 왜 물어요?"

"그러면 잠깐만 기다리세요. 제가 다른 메뉴판을 가져다 드릴게요."

여러분, 사실인즉슨 이렇다. 이 바닷가 식당에는 메뉴판이 두 개가 있었던 것이다. 하나는 이 섬에서 머무르는 투숙자용, 다른 하나는 롬복에서 매일 아침 일일 투어로 들어오는 관광객용으로 물론 전자보다 후자가 30퍼센트가량 더 비쌌다.

바다에 지친 우리는 섬 일주에 나섰다. 숙소에서 바닷가 반대쪽, 즉 내륙을 향해 걷기 시작했다. 소박한 오두막들이 수십 채 늘어선 마을을 통과해서 조금 더 걸어가니 동남아라고는 믿기지 않을 만큼 쓸쓸하고 건조한 풍경이 펼쳐지기 시작했다. 사바나 지대를 연상시키는 마른 풀들이 가득 찬 초원이었다. 그 사이로 난 길을 따라 우리는 힘든 줄 모르고 열심히 걸었다.

사바나가 끝나자 저 멀리 다시 옥색 바다가 보였다. 어느새 이 조그만 섬을 관통한 것이다. 해변에는 나와 G, 단 두 사람뿐이었다.

"늘 이런 곳에 와봤으면 하고 바랐었지." 그녀가 입을 열었.

"홀딱 벌거벗고 수영을 하든, 야자수 밑에서 언제까지나 낮잠을 즐기든 나를 방해할 사람이 아무도 없는 그런 곳 말이야."

"그래서, 이제야말로 그런 곳에 도착했으니 무엇을 하고 싶지?"

"글쎄, 그걸 나도 모르겠단 말야."

G는 야자수 그늘에 털썩 주저앉았다.

"왜냐하면 이런 곳에 신짜로 올 수 있게 될 줄은 몰랐으니까. 그래서 막상 그때가 되면 뭘 할지 진지하게 생각해보지 않았어. 꿈이 현실이 될 줄 알았더라면 미리 좀 연구를 해두었을 텐데."

해가 지자 해안가의 조그만 와룽에 찾아갔다. 매일 밤 우리는 그곳에서 참치를 먹었다. 커다란 생선에서 잘라 낸 두툼한 조각을 불에 슬쩍 구운 스테이크였다. 짭짤한 육즙에 자극받은 입을 얼음처럼 차가운

빈탕*Bintang. 인도네시아를 대표하는 맥주. 빈탕은 인도네시아어로 '별'이라는 뜻이다 몇 모금으로 식혔다. 나무로 짠 허름한 테이블에 여러 명이 걸터앉을 수 있는 나무 벤치를 놓은 소박한 곳이지만 음악처럼 파도 소리가 들려오고 나뭇가지 사이에 줄을 연결하여 깡통 램프를 여러 개 매달아놓은 터라 분위기가 그만이었다. 몇 미터 떨어지지 않은 곳에 검은 유리처럼 번쩍거리는 밤바다가 고요히 물결쳤다. 그 위로는 검은 하늘, 크고 맑은 별들이 무수히 박혀 있었다. 저녁 식사가 준비되는지 향기로운 냄새가 솔솔 풍겨왔다.

우리가 먹는 것은 언제나 똑같았다. 레몬과 기름, 소금으로 간을 한

푸성귀 샐러드와 쌀밥, 그리고 간장을 뿌려 그릴에 구운 즙 많은 참치 스테이크. 식사를 마치고 천천히 걸어서 숙소로 돌아왔다. 동네는 이미 쥐 죽은 듯 고요했다. 시계가 없는 섬이다. 우리 오두막 앞에는 어느새 주인이 노란 불빛을 뿜어내는 낡은 램프를 걸어놓았다. 숙소에는 전기가 없었다. 전기와 전화, 자동차가 존재하지 않는 공간이라니, 도시에서는 경험하기 어려운 극도의 사치다.

나는 램프의 불 크기를 조그맣게 줄인 후 오두막 안으로 가지고 들어와 침대 곁 나무 마룻바닥에 내려놓았다. 어슴푸레한 불빛과 침대 위에 걸쳐진 모기장, 나와 G의 팔다리 때문에 생겨난 기묘한 그림자가 오두막 안을 가득 채웠다. 우리의 대화는 점점 간격이 벌어지기 시작했다. 반대편 침대에 누운 친구가 잠들어버린 것을 확인하고 나는 이만 램프의 불을 껐다. 갑자기 밀려든 어둠이 차차 눈에 익으면서 새로운 것들이 하나 둘씩 보이기 시작했다. 열린 창문 너머로 바닷바람을 타고 풀벌레 우는 소리가 들렸다.

동행자

집 없는 새처럼 발길 닿는 대로 혼자 돌아다니는 것도 좋지만 가끔 누군가가 옆에 있었으면 할 때가 있다. G만 한 동행자도 흔치 않을 것이다. 그녀는 밤마다 술을 너무 많이 마시고 툭하면 잘 넘어져 온몸에 여기저기 푸른 멍이 들어 있을뿐 아니라 쇼핑이라면 무엇이든 필요 이상으로 열광하는 여자다. 벌써 싸구려 반바지며 비슷비슷한 톱(top), 장신구 따위를 무수히 사들였는데, 그중 절반 이상을 한 번도 입지 않은 채 옷장 속 깊숙이 처박아뒀다가 몇 년 지나면 구세군에 몽땅 기증할 것이 틀림없다. 지금까지 늘 그래왔으니까.

그러나 G는 장점 또한 많은 인간이다. 영어에 능통하며 어지간해서는 지친 기색 없이 삼사 킬로미터를 줄기차게 걸을 수 있는 여자다. 음식 투정을 하는 일이 없고 벽에 붙어 있는 조그만 도마뱀을 보고 꽥, 비명을 질러 깊은 사색에 잠긴 나를 놀라게 하지도 않는다. 난처한 상황에서 제법 대담하게 행동하기도 한다. 문제는 그녀의 건망증이 하루가 다르게 심해지고 있다는 것.

이즈음 G는 매우 심각한 건망증에 시달리고 있었다. 롬복을 거쳐 길리 섬으로 건너오는 동안 그녀는 이것저것 많은 물건들을 잃어버렸다. 그중 대표적인 것이 나무로 만든 조그만 참빗, 슬립처럼 생긴 얇은 잠옷, 히피풍의 하얀색 블라우스, 그리고 책을 읽을 때마다 끼곤 하는 가느다란 검정 테의 안경까지.

"혹시 네가 내 물건을 대신 챙긴다고 하고 어디다 잘못 둬서 잃어버린 것 아니야?"

그녀는 오히려 얌전히 옆에 있던 나를 추궁하기도 했다. 그녀의 건망증은 나날이 정도가 심해져서 이러다간 남아나는 물건이 있기나 할까 걱정스러웠다. 그 많은 것들이 대체 하나 둘씩 어디로 사라진 것일까. 다른 차원의 공간으로 빠져나가는 것처럼 흔적도 없이 사라졌다. 없어진 것들은 다시는 나타나지 않았다. 길리 섬에서 지낸 마지막 날 아침, 숙소인 오두막을 나와 가까운 해변으로 걸어가는 동안 그녀는 급기야 비키니 위에 걸치고 있던 짤막한 사롱까지 잃어버렸다. 오두막을 떠나 5분 정도 지났을까, 해변에 도착할 무렵 그녀의 몸에 두르고 있던 파란색 사롱이 사라지고 없었다. 잘 훈련된 마술사의 간단한 손놀림처럼 아주 감쪽같이 그렇게.

"그게 무슨 소리야? 네 몸에 단단히 잘 두르고 있던 사롱이 어디로 갔단 말이야?"

내가 다그치자 G는 창백한 얼굴로 사방을 두리번거렸다. 그 사롱은 그녀가 발리에 도착해서 구입한 첫 번째 물건이었다. 뒤를 돌아보았지만 덤불이 우거진 모래밭에는 아무것도 떨어져 있지 않았다. 오두막에서 이곳 해변까지, 우리는 고작 백여 미터를 천천히 걸어왔을 뿐이다. 지저귀는 새소리와 파도 소리, 울창한 나뭇가지 사이로 슬쩍슬쩍 보이는 투명한 연푸른빛 바다에 정신을 빼앗긴 채.

"걸어오면서 어디엔가 떨어뜨렸을 거야. 길을 다시 거슬러 올라가면서 잘 찾아보자."

수돗물처럼 맑은 물이 들어찬 하얀 해변에 스노클링 도구를 놓고 우리는 아쉽게 등을 돌려 오던 길을 되짚어가기 시작했다. 열대 수목이 우거진 좁다란 길가에는 조그만 숙소와 가게가 몇 군데 있었고 현지인들 몇 명이 무료한 표정으로 하염없이 입을 벌린 채 앉아 있었다. 아까 이 길을 지나던 우리에게 "곤니치와, 곤방와."를 외치며 말을 걸던 사람들이다.

"내 사롱이 길에 떨어진 것 혹시 못 봤어요?"

G가 그중 한 남자에게 물으니 그는 심술궂은 얼굴로 씩 웃었다.

"너는 아까 내가 인사를 건넬 때에는 모른 척 고개를 돌리고 새침한 표정을 짓더니 이제 막상 어려움에 처하니 내 도움을 청하는군. 정말 도움을 바란다면 지금보다 좀 더 정중하게 묻는 게 어때? 그렇게 한다면 혹시 내가 도와줄 수 있을지도 모르지."

분통한 표정도 잠시, G는 한결 겸손한 말투로 다시 물었다.

"혹시나 해서 말인데, 파란 사롱 하나가 떨어져 있는 것을 보지 못했습니까?"

'please' 하고 그녀는 간절한 표정으로 말미에 덧붙였다. 남자는 기다렸다는 듯 대답했다.

"못 봤는데."

뜨거운 햇볕을 머리에 맞으며 거의 숙소까지 걸어간 끝에 우리는 사롱을 발견했다. 푸른 천 조각은 나무 덤불에 걸린 채 축 늘어져 있었다.

"대체 어떻게 된 걸까."

사롱을 움켜쥔 G는 괴로운 표정으로 해변에 쪼그리고 앉아 구원을 바라는 것처럼 나를 올려다보았다. 나는 막 스노클을 입에 물고 바다로 첨벙거리며 뛰어들려던 참이었다. 뜨겁고 눈부신 햇살이 바다와 내 어깨를 향해 내리꽂혔다. 우리 앞에 펼쳐진 바다는 파도 한 점 없이 유리처럼 잔잔하여 수면 밑으로 작은 돌과 흰 모래가 그대로 비쳐보였다. 조그만 초록 물고기 떼가 휙 하고 지나갔다. 해변에는 나와 G뿐이었다.

"내 건망증이 점점 더 심해지고 있어. 이대로 가다간 물건이란 물건은 전부 잃어버리고 말겠어."

"그 원인이 뭘까?"

"나도 모르겠어. 갑자기 바보가 되어버린 것 같아. 나사가 빠진 로봇처럼."

내색하지 않았지만 G는 여행 내내 긴장하고 있었음이 틀림없었다. 어쨌든 이곳은 그녀가 평생 최초로 발을 디딘 동남아시아니까. G는 무슨 일에든 깜짝 놀라는 것을 극도로 싫어하는 인간이다. 놀라지 않으려면 단단히 긴장하는 수밖에 없는 것이다. 무쇠 갑옷이라도 한 겹

두른 것처럼. 이곳에서 그녀는 여러 가지 것들을 처음 보았다. 롬복에 사는 사람들의 초라한 옷차림에 비하면 미국의 거리를 느린 걸음으로 헤매는 살찐 부랑자들은 거의 패셔너블하게 느껴질 정도였다. 갑작스럽게 악화된 G의 건망증은 눈앞에 펼쳐지는 광경들에 놀라지 않기 위해 과도하게 긴장한 결과가 아닐까. 아니면 이 섬의 아름다움이 그녀의 넋을 완전히 빼놓은 것인지도.

길리를 떠나 다시 롬복의 승기기 해변으로 돌아왔을 때 G는 예전에 우리가 하룻밤을 묵었던 호텔로 뛰어갔다. 그녀는 30분쯤 지나 돌아왔는데 묵직한 비닐 봉투를 하나 들고 있었다.

"여기 다 있어, 전부 다!"

그녀는 비닐 봉투를 흔들어 나무로 된 빗, 잠옷, 검은 테 안경, 흰 블라우스 따위를 줄줄이 꺼내 들었다.

"거기 직원들이 방을 청소하다 발견했다는 거야. 나무 빗은 우리가 묵은 방 침대 밑에, 안경은 침대 속에, 잠옷은 옷장 안에 들어 있었대."

"그래? 그것 참 다행이로군."

"이제 우리가 다시 문명으로 돌아가면서 잃어버린 것도 하나 둘 되찾아가고 있는 거야."

G는 신이 나서 말했다.

"야성의 세계로 들어가면서 잃어버린 것들을, 이제는 다시 찾고 있는 중이라구."

그녀의 말이 옳을지도 몰랐다. 발리에서 롬복, 롬복에서 길리메노로 점점 더 깊숙이 들어가면서 하나 둘씩 우리 곁에서 사라져버린 것은 무엇일까.

민물, 전깃불, 전화, 매연, 탐욕처럼 나쁜 것들.
　예의바름, 인내심, 희망처럼 좋은 것들.
　길리를 빠져나와 롬복으로, 그리고 다시 비행기를 타고 발리로 돌아오며 우리는 잃었던 몇 가지를 되찾을 수 있었다. 다행스러운 일이다. 그러나 다시는 회복할 수 없었던 것도 있다. 나는 길리를 떠나던 그날을 오랫동안 잊지 못할 것 같다. 그날은 G와의 여행의 마지막 날처럼 기억되었다. 실제로는 그렇지 않음에도 불구하고. 왜냐하면…….

대탈주

길리메노를 떠나던 날은 아침부터 일진이 별로 좋지 않았다. 어느 현지인 남자의 끈질긴 종용으로 그가 모는 조각배를 타고 섬 주변을 한 바퀴 돌며 스노클링 투어를 하기로 했다.

"초대형 클램*clam. 대합조개과 새파란 색깔의 산호, 그리고 거북이들을 볼 수 있단 말이야."

배고픈 얼굴의 깡마른 뱃사공이 열심히 우리를 설득했다. 조그만 배에는 우리 외에도 서양인 여자가 두 명 타고 있었다. 아르마니 수영복에 정교하게 금빛으로 염색한 머리, 공들인 화장까지, 한눈에도 부유해 보이는 터키인 모녀였다. 동남아시아에서 터키인 여행자를 만나기는 이번이 처음인 것 같았다. 지척에 그리스를 두고 지구 반대편 인도네시아까지 찾아오다니.

배를 탄 것이 중대한 실수였음을 깨달은 것은 출발한 지 몇 분도 채 지나지 않아서였다. 평소와 같았으면 거울처럼 잔잔했을 바다에 아침부터 파도가 좀 치는 것 같더니 물결은 어느새 꽤 거칠어져서 조그만 조각배는 심하게 상하 좌우로 흔들리기 시작했다. 스노클링 포인트에 이르러 바다에 뛰어든 나는 수중 세계를 구경하는 것은 고사하고 출렁이는 물살 때문에 제대로 수영조차 할 수가 없었다. 뱃멀미를 하는 G의 얼굴은 금세 종잇장처럼 창백해졌다. 그녀는 얼마 못 가 두 손으로 뱃전을 붙잡고 신음하기 시작했다.

"뭍에 내려줘요. 내 친구가 아파요!"

내가 외치자 뱃사공은 알아들을 수 없는 말을 투덜거리며 이백여 미터 떨어진 해안 쪽으로 배를 몰았다. G는 뭍에 내리자마자 비틀거리며 나무 그늘 쪽으로 가서 쓰러졌다. 문제는 바로 그 다음이었다.

"자, 그럼 이제 약속대로 돈을 주시지."

나와 G를 따라 모래사장에 온 뱃사공이 사나운 얼굴로 말했다. 우리가 내린 후 어린 조수가 다시 몰고 나간 그의 배가 저 멀리 바다 위에 조그맣게 떠 있는 것이 보였다. 해변에는 이제 우리 세 사람뿐이었다.

"자, 이제 돈을 내놔."

뱃사공이 다시 말했다.

"돈이라고? 우리는 당신 배에 단 십 분도 타지 않았어. 게다가 바다가 이렇게 거칠어질 것이라는 사실을 당신은 잘 알면서도 우리에게 알려주지 않았어."

스노클링을 하지 못했으니 돈은 줄 수 없어. 내가 인도네시아어로 말했다.

"어서 돈을 내놔!"

"안 돼. 줄 수 없어."

내 말이 진심이라는 것을 깨달았는지 남자의 얼굴은 갑자기 엉망으로 일그러졌다. 놀랍게도, 그는 나를 향해 제법 위협적인 몸짓으로 팔을 휘두르기 시작했다. 그 모습에 순간 나는 정신이 멍해졌다. 현실과는 차원이 다른 공간, 나쁜 꿈속으로 들어온 것 같았다. 꿈에서 흔히 그렇듯 정의롭고 강인한 인간인 나는 더러운 악당과 타협할 생각이 추호도 없었다. 현실의 나였다면 돈 얼마간 정도는 귀찮아서라도 순순히 내어주었으리라. 그러나 유리처럼 맑은 열대 바다와 둥그스름한 해변을 따라 우거진 푸른 야자수, 그리고 화가 잔뜩 나 씩씩거리는 갈색 얼굴을 마주하자 나는 다른 세상으로 들어선 듯 정신이 아득했다. 물이 뚝뚝 떨어지는 수영복 차림으로 뜨거운 모래사장에 서 있던 나는 평소와는 다른 인간처럼 말하고 행동했다.

"스노클링 투어를 하지 못했으니 돈은 줄 수 없어."

등 뒤에서 G가 고통스럽게 구역질을 하는 소리를 들으며 내가 다시 침착하게 말했다. 흥분한 남자는 심한 욕설을 퍼부으며 싸움에 돌입한 맹수처럼 내 주위를 빙글빙글 돌기 시작했다. 나뭇등걸을 붙잡고 간신히 일어선 G가 울다시피 내뱉었다.

"너한테 돈을 주긴커녕 내 약값으로 네가 우리에게 돈을 줘야겠다!"

그 순간 남자는 나를 향해 달려들었는데, 나는 그가 나를 주먹으로 치는 것이 아닐까 싶어 반사적으로 오른팔을 들어 얼굴을 가렸다. 다행히도 남자는 나를 때리지는 않았다. 대신 내가 들고 있던 물갈퀴와 스노클을 억지로 낚아챘다. 아, 이제 상황은 아주 심각해 보였다! 햇볕은 쨍쨍, 모래알은 반짝, 그리고 내 앞에는 맹수처럼 거친 숨을 몰아쉬는 깡마른 남자가 핏발이 선 눈동자를 부라리고 있었다! 숙소들이 밀집한 해변에서 섬을 가로질러 반대편에 있는 이 하얀 모래사장에는 우리 외에는 아무도 없었다. 바다에 떠 있는 배는 우리가 하는 짓을 보거나 듣기에는 너무 멀리 떨어져 있었다. 터키인 모녀는 뭍에 내린 세 사람이 대체 무엇을 하는지 한창 궁금해하고 있을 것이다.

"돈을 주기 싫다고? 좋아! 그렇다면 대신 네 물건들을 망가뜨릴 테다!"

남자는 고래고래 악을 쓰며 두리번거리더니 옆에 있던 커다란 돌을 집어 내 스노클을 내리치는 시늉을 했다. G가 귀청을 찢을 듯 날카로운 비명을 질렀다. 스노클을 모래밭에 힘껏 내동댕이친 남자는 핏발 선 눈으로 두리번거리다 이번에는 내 물갈퀴를 집어 들었다. 스노클보다는 그것이 좀 더 값지리라고 생각한 것 같았다. 그는 저벅저벅 얕은 바다로 걸어 들어가 멀리 있는 배를 향해 손짓했다. G는 다시 토하기 시작했고 이번에는 뱃멀미 때문이 아니었다. 나는 억지로 그녀를 숙소로 돌려보냈다.

결국 남자에게 돈을 주고 물갈퀴를 돌려받았다. 핏발 선 눈으로 허겁지겁 돈을 움켜쥐는 그를 보았을 때 나는 분노 대신 다른 것을 느끼고 고개를 돌려버렸다. 욕설을 퍼부으며 사나이는 보트가 있는 곳으로 헤엄쳐서 사라졌다.

정말 문제가 생긴 것은 이제부터였다. 숙소로 돌아가려던 나는 아주 심각한 상황에 처했음을 깨달았다. 내 샌들이 든 가방은 G가 가져가버렸고 정오가 훨씬 지난 남국의 백사장은 발바닥을 몇 겹은 벗겨버릴 정도로, 그야말로 불처럼 뜨거웠다. 게다가 이곳은 내가 생각했던 것보다 숙소에서 훨씬 더 멀리 떨어져 있었다.

옛날에 TV에서 '동물의 왕국'을 시청할 때 아주 우스운 광경을 본 적이 있다. 사막에 사는 어느 도마뱀의 이야기였는데, 이 조그맣고 재치 있는 동물들은 사막의 뜨거운 모래를 견디다 못해 네 다리 중 항상 두 다리만을 땅에 디디고 기묘한 자세로 서 있다는 것이다. 조금이라도 고통을 덜기 위한 방법이라고 했다. 나는 마치 그 도마뱀과도 비슷한 모습으로 이 아름답고 뜨거운 섬을 관통해나갔다. 섬의 가운데는 모래와 마른 풀로 뒤덮인 사바나 지대였는데 맨발로 다녀 굳은살이 두껍게 덮인 내 발로도 불바다처럼 달아오른 메마른 벌판을 걷는 일은 너무나 고통스러웠다. 지옥의 형벌처럼 뜨거웠다.

"그래서, 어떻게 했어?"

숙소에서 초조하게 나를 기다리고 있던 G가 흥미로운 얼굴로 물었다.

"결국 돈을 주고 물갈퀴를 되찾은 것은 잘한 일이었어. 그걸 신고 걸어왔으니까. 그게 없었더라면 화상을 입었거나 아니면 해가 질 때까지 돌아오지 못했을 거야."

"하지만 오리발을 신고는 제대로 걸음을 옮길 수가 없잖아?"

"갈퀴가 거치적거려서 앞으로는 도저히 못 걷지."

"그럼?"

"뒤로 걸어야 해."

자, 여러분, 상상해보시라. 손바닥보다도 조그만 비키니 차림에 주황색 물갈퀴를 신은 여자가 덤불과 모래로 가득 찬 뜨거운 섬의 중앙부를 오리처럼 어기적거리며 뒷걸음질로 걷는 광경을. 현지인들이 사는 오두막이 하나 둘씩 나타나기 시작했고 창문으로 얼굴을 내민 사람들이 내 모습에 눈을 휘둥그렇게 떴다. 이 불쾌한 사건에 너무 맥이 풀린 나머지 우리는 어여쁜 길리 섬과의 작별을 별로 아쉽게 생각하지 않게 되었다. 의외의 일은, 길리메노가 우리와 작별하고 싶지 않은 듯 보였다는 것이다.

"이대로라면 도저히 배를 타기 어렵겠는데."

짐을 챙겨 바닷가로 나간 우리는 눈에 보이는 광경에 당황했다. 파도는 점점 더 거세져서 연푸른 바닷물은 어느새 흰색이 잔뜩 섞인 불투명한 초록으로 변해 사납게 해안으로 몰아치고 있었다.

"보다시피 오늘은 바다가 저래서 롬복행 배가 뜨지 않아요."

현지인들은 이구동성으로 말했다. 할 수 없이 섬을 가로질러 반대편 해안으로 향했다. 섬의 반대쪽은 파도가 한결 약했고 다행히도 해변에 긴 꼬리 배가 한 척 정박해 있었다. 해변에 지어진 정자에 보따리를 든 현지인들이 수십 명 옹기종기 모여 배가 떠나길 기다리고 있었다.

"일인당 5만 루피아를 내면 태워주지."

뚱뚱한 선장이 의젓하게 말했다. 원래 가격은 일인당 이천 루피아였다. 5만 루피아를 낼 것을 거절하자 화가 난 현지인들은 선장에게 우리를 두고 그만 떠나자고 고래고래 소리를 쳤다.

"아무래도 돈을 낼 수밖에 없겠는데."

내가 속삭이자 G는 고개를 저었다. 끝까지 버텨보자는 것이다.

"그냥 돈을 내는 편이 낫겠어. 빼앗기는 것이 아니라 베푼다고 생각하도록 해."

"베푼다고? 말도 안 돼! 우릴 노려보는 저 사람들 표정을 좀 봐. 저런 인간들에게 뭐라도 베풀고 싶어?"

"우리들이 미운 게 아니라 자신들이 가난한 것이 싫은 거야. 우리가 그들보다 돈이 많다는 것이 싫은 거라구."

"하지만 우린 부자도 아니잖아?"

"저 사람들에 비하면 부자야. 엄청난 행운아인 셈이지."

"돈이 더 많다고 해서 더 행복한 것은 아니야."

"저 사람들은 그렇게 생각하지 않을걸. 문제는 바로 그거야."

굶주림은 모든 경우에 변명이 될 수는 없지만 인간이 생각해 낼 수 있는 것 가운데 그나마 가장 설득력 있는 변명일 것이다. 세상에는 털이 까칠하고 배가 홀쭉하게 들어간 개나 고양이만 보아도 불쌍하다고 혀를 차며 부드러운 표정을 짓는 사람들이 많이 있다. 심지어 저들은 개도 고양이도 아닌, 우리와 같은 인간이다. 궁지에 몰린 듯 고단한 표정에 여윈 뺨의 사람들이 증오의 눈으로 나와 G를 노려보았다. 우리는 선장이 요구한 대로 돈을 지불하고 힘없이 배에 올랐다. 배가 출발한 후에도 분위기는 마찬가지였다. 옆 자리에 앉아있던 현지인 여자가 나를 때리려는 바람에 하마터면 큰 싸움이 벌어질 뻔 했다. 바다 한복판에서 수장될 위기에 처하나 싶었는데 그나마 이성적인 현지인들 덕분에 위기를 모면했다.

"자, 이제 사실대로 말해봐." G는 나중에 이렇게 물었다.

"오늘 있었던 일이 지금까지 네가 여행하면서 겪었던 최악의 일들과 비교하면 얼마나 나쁘지?"

"글쎄. 나쁜 정도로 따져서 한 5위나 6위?"

"1위가 뭐였는지 물어봐도 될까?"

"말할 수는 있지만 말하지 않을래."

그녀는 길게 휘파람을 불었다.

"내가 놀란 것은 단 하나야. 너처럼 게으른 인간이 이런 모든 고통을 감수하고 여행을 하다니, 뭐가 뭔지는 잘 모르겠지만 그 원동력은 정말이지 대단히 놀라운 것임이 분명하다고 말이야."

녹초가 된 몸으로 드디어 롬복에 도착했다. 발리로 돌아가기 위해 롬복의 마따람 공항으로 가는 택시 속에서 우리는 열린 유리창 너머로 황금빛이 출렁거리는 너른 평야를 바라보았다. 논의 절반 이상이 이미 이삭이 베인 채 짤막한 그루터기만 남아 있었다. 자기 손으로 씨 뿌리고 키워 낸 곡식을 마침내 추수하는 인간들의 모습은 사원에 모여 앉은 신자들의 몇 배는 더 경건해 보였다. 입이나 머리, 특권이나 행운이 아니라 손과 발로 한 알 한 알 온전히 벌어들인 양식을 드디어 거둔다는 단순한 행위가 새삼 경이롭게 느껴졌다. 드넓은 평야와 대비되어 그 속에서 일을 하고 있는 사람들은 아주 조그맣게 보였다. 꼬마 병정 크기의 작은 인형들을 논두렁에 여기저기 세워둔 것처럼.

"여기는 정말이지, 이렇게나 아름다운 곳인데 말이야."

옆 자리에 앉은 G가 낮은 목소리로 중얼거렸다. 그녀가 아직 모르는, 내가 애써 알려줘야 할 무엇이 더 있을까. 내가 아는 무엇을 그녀는 모르고 있을까. 발리에는 일박에 칠백 달러짜리 호화로운 호텔과 하루 삼천 원짜리 싸구려 여인숙이 사이좋게 공존한다. 꾸따 지역 현지인들의 GNP는 한국인의 그것과 맞먹지만 롬복에 사는 농부의 어린애들은 신발도 신지 못한 채 굳은살이 밴 발로 메마른 먼지가 이는 흙길을 오랜 시간 걸어 다닌다. 레기안 거리의 술집에는 3주일의 휴가를 온 배불뚝이 중년 호주인들과 반라의 서퍼들이 넘쳐 나며 스미냑*Seminyak. 레기안 북쪽의 신흥 개발지로 빌라 형태의 숙소가 많다의 빌라에는 개인 수영장의 호사로움을 만끽하는 신혼부부들이, 우붓에는 소위 "예술가"들이 살고 있다.

우리 두 명이 함께 발리와 롬복을 여행해서 가장 좋은 점이라면 내가 G에게 더 이상 그 섬들에 대해 말을 할 필요가 없어졌다는 것이다. 이제 나는 예전처럼 어리둥절한 친구를 앞에 두고 안타깝고 모호한 얼굴로 나만 아는 이야기를 반복할 필요가 없게 되었다. 그녀는 이 섬에 대해서 내가 아는 것들을 대부분 알게 되었다. 나는 이 섬에 대한, 이 섬을 문득 기억나게 하는 소소한 것들과 마주칠 때마다 G가 지금 내 옆에 있다면 그 애도 나와 똑같은 회상에 깊숙이 잠기게 되리라고 굳게 믿는다. 우리는 이제 몇 마디 말이나 애매한 시각적 이미지, 또는 가냘픈 향냄새처럼 아주 사소한 후각적 자극만으로도 함께 광활한 바다에서 마음껏 헤엄칠 수 있게 되었다. 기억을 공유한다는 것은 그렇듯 편리하고 근사한 일이다.

"내가 발리에 다시 올 수 있을까?"

공항으로 향하기 전 꾸따의 어느 식당에서 마지막 식사를 하며 G가 이렇게 물었다. 나는 사떼깜빙*sate kambing. 염소 고기로 만든 사떼에 아락어택*arak attack. 아락을 베이스로 만든 칵테일의 일종을 주문했다.

"이번처럼 값싼 상품이 나오면, 그리고 마음이 내키면 또 올 수도 있겠지."

"다시 한 번 여기 오고 싶어. 그럴 수 있을 것 같아."

"그래?"

"그래. 왠지 그런 기분이 들어. 머지않아 이 섬에 또 올 수 있을 것 같다는 느낌. 이것이 마지막이 아니라는, 별다른 근거는 없지만 그냥 느낌으로 아는 그런 것."

영국과 일본을 가장 좋아하는 나라로 꼽던 여자가 고작 두 주 만에 동남아시아에 사랑을 느끼게 되다니, 희망적인 일이다. G와 나는 건배를 하는 것을 잊었음을 깨닫고 투명한 아락이 반쯤 남아 있는 유리잔을 들어 쨍 소리가 나도록 부딪혔다. 이럴 때 무언가 형식적인 말을 지껄이는 것은 항상 나이가 더 많은 나의 몫이다.

"네 다음 여행을 위하여."

내가 말했다. 여행이란 매우 모호한 단어로, 뭐든 새로운 경험이라면 여행이라고 부르기를 꺼리지 않는 사람들도 있는 법이다. 심지어 어떤 이들은 죽음조차 여행이라고 부르지 않는가. 건배를 위해 이보다 더 근사한 말, 예를 들면 열대의 섬과 관련하여 미래에 우리에게 따를 법한 모종의 행운을 빌까도 생각했지만 그만두고 말았다. 말이란 입 밖으로 꺼내지 않는 것이 더 좋을 때가 많다. 사실, 대부분의 말들이 그렇다.

꾸따 거리는 옛날이나 지금이나 달라진 것이 거의 없었다. 앞으로도 그럴 것이다. 커다란 배낭을 낙타의 혹처럼 짊어진 건장한 남녀 배낭여행자들이 결연한 표정으로 어딘가를 향해 성큼성큼 행진하고, 이 기묘한 동네에 이미 익숙해진 이국의 젊은이들이 행복한 표정으로 킬킬거리며 춤을 추듯 서로를 스치고 지나갔다. 이 틈을 파고드는 것은 언제나처럼 피곤한 얼굴을 한 키 작은 현지인들의 경음 섞인 영어다. 트랜스포테이션? 호텔? 니혼진?

    귀국 비행기를 타기 위해 공항으로 향할 때까지는 아직 충분한 시간이 남아 있었다. G는 다시 아락을 한 잔 더 주문했다. 어느새 해가 저문 것을 그제야 알아차리고 예쁘장한 여종업원은 우리 테이블에 촛불을 가져다주었다. 다 닳아빠져 밑둥만 남은 빨간 양초였다. 완전히 투명해진 촛농의 샘 한가운데에서 조그만 불꽃이 고요하게 너울거렸다. 지금쯤 서쪽 해변에 번진 채 검은 바다 밑으로 어둡게 가라앉고 있을 붉은 빛에 대해 생각해 보았다. 친구가 마지막 아락을 다 마실 때까지, 나는 테이블 너머로 보이는 점점 어두워지는 뽀뻐즈의 좁다란 골목, 그 길에 이리저리 흘러다니는 무수한 낯선 사람들을 향해 손가락 하나 움직이지 않고 그대로 앉아 있었다.

인도네시아의 전통 가면

4

여행자들

You've got mail

　몇 년 전 남아메리카로 반 년간의 여행을 떠난 적이 있다. 출국을 앞둔 심경이 다른 때보다 비장했던 것은 장기간 일정이라는 까닭도 있었지만, 남미라는 곳이 서울에서 지리적으로 상당히 멀고, 영어가 아닌 스페인어를 사용하는 지역이라는 이유 때문이었다. 차원이 전혀 다른 세상으로 들어서는 것처럼 두려움이 일었다. 비행기를 타고 꼬박 서른 시간 거리이니 급한 일이 있다고 해서 다음 날 즉시 집에 돌아오기란 불가능한 것이다. 출발 전 가족과 친구들에게 작별 인사를 하며 나는 결연한 얼굴로 다음과 같이 선언했다.

　"일단 떠나면 아마 거의 연락할 수 없을 거야. 엽서를 보낸다고 해도 서울까지 몇 달 이상 걸릴 것이고 국제전화는 돈이 너무 많이 들 테니까. 오랫동안 소식이 없어도 너무 걱정하지는 말도록 해요."

멕시코에 도착한 첫날, 나는 시내에서 인터넷 카페를 발견하고 가족과 친구들에게 이메일을 보냈다.

"이제 과테말라로 넘어가면 더 이상 연락하긴 힘들 거야. 무소식이 희소식인 줄 알도록 해요."

멕시코를 지나 과테말라의 산마을에 도착한 나는 투숙한 숙소 부근에서 인터넷 카페를 발견했다. 제법 현대적인 시설을 갖춘 곳으로 익숙하지 않은 스페인어 자판에 내가 당황할 때마다 뒤에서 도사리고 있던 청년들이 다가와 잽싸게 문제를 해결해주었다.

"멕시코와 중미까지는 몰라도 이제 남미로 넘어가면 인터넷은 더 이상 찾기 힘들 거야."

그러나 콜롬비아와 에콰도르, 그리고 페루와 칠레를 거쳐 브라질에 이르기까지 내가 친구나 가족들에게 이메일을 보내지 못하고 우물에 빠진 듯 며칠이고 고립되는 일은 끝끝내 벌어지지 않았다. 카리브 해의 외딴 휴양지나 안데스의 산악 지방에도 골목 어디엔가는 어김없이 인터넷이 연결된 카페가 있었다.

"이렇게 자주 연락하다니, 여행은 대체 언제 하니? 우리는 네가 떠나기 전보다 차라리 더 친해진 것 같구나."

서울의 친구로부터 이런 이메일을 받기도 했다. 가는 곳마다 나는 내가 예상했던 것보다 훨씬 더 많은 시간—하루에 최소 한 시간 이상—을 인터넷 카페에서 보냈다. 아무리 이국적인 풍광을 자랑하는 여행지라 해도 인터넷 카페의 컴퓨터는 서울에서 내가 쓰던 것과 대동소이했고 모니터 속의 화면도 마찬가지였다. 그곳에는 나와 비슷한 표정과 차림의 외국인들이 모여 있었고 다양한 여행 정보들이 나붙은 게시판이 마련되어 있었으며 뭐라도 원하는 것이 있으면 자판을 두들겨 몇 분 내에 찾아볼 수 있었다. 비행기 표를 예약할 수도 있고 다음 여행지에 대해 샅샅이 알아볼 수도 있다. 바다 건너 지구 반대편에 떨어져 있는 가족과 친구들에게 몇 초 만에 안부를 전할 수도 있다.

"여긴 너무 더워. 바닷가에 가서 일광욕을 했는데 태양이 뜨거워서 혼났어."

12월 어느 날 리우데자네이루에 있던 나는 서울의 친구에게 이파네마에서의 경험에 대해 이렇게 메일을 보냈다. 5분도 지나기 전에 짤막한 답장을 받았다.

"불평하지 말 것. 서울은 지금 영하 10도다."

IT 선두 주자인 한국 출신으로서 나는 다른 나라들의 인터넷 발전 속도를 경시하는 경향이 있었던 것 같다. 발을 딛는 거의 모든 나라에서 내가 생각했던 것보다 훨씬 훌륭한 시설과 속도를 자랑하는 인터넷 카페들을 발견하고 경의를 표하지 않을 수가 없었다. 아프리카 말라위의 케이프맥클리어는 전기가 들어오지 않는 곳이지만 하루에 두 번 발전기를 돌려 이메일을 확인할 수 있는 인터넷 카페가 있다. 미얀마로 향할 때, 나는 이제야말로 인터넷을 할 수 없는 곳으로 가게 되었다고 생각했었다. 미얀마는 정치사회적으로 대외 고립을 겪고 있는 군부 독재 국가이다. 현대화가 이루어지지 않아 각 가정에서는 아직도 가스스토브나 전기 풍로 대신 숯을 이용하여 요리를 한다. 티셔츠와 바지의 서양식 복장 대신 전통 의복을 더 많이 입는 유일한 동남아 국가로, 사진이란 것을 한 번도 찍어본 적이 없는 사람들이 수두룩하다. 그러나 수도인 양곤은 물론 양곤에서 버스로 스무 시간이나 걸리는 인레 호숫가의 시골 마을에도 작기는 하나 그럴듯한 시설을 갖춘 인터넷 카페가 있었다.

인레에 머무는 동안 나는 숯으로 요리한 음식을 먹고 식후에는 인터넷 카페에서 웹서핑에 열중했다. 속도가 느리기는 해도 이메일 몇 통을 주고받는 데는 문제없었다. 메일을 체크하는 내 옆에서 벨기에에서 온 스킨헤드 여행자가 디지털 카메라로 찍은 사진을 CD로 굽고 있었다.

"메모리가 작아서 매번 이렇게 굽지 않으면 안 돼. 하지만 가는 곳마다 CD를 구워주는 곳들이 있으니까 별 걱정 없지."

더없이 아름다운 이국적인 여행지 어딘가에는 CPU 구동 소리가 나직하게 웅웅거리는 인터넷 카페, 좁고 환기가 되지 않는 어두운 공간에 틀어박혀 앞에 놓인 모니터 화면에서 한시도 눈을 떼지 못하는 여행자들이 존재한다. 인터넷 시대의 도래는 비행기의 발명처럼 여행자들로부터 구시대의 낭만을 빼앗아갔다. 나는 아직도 여행지에서 엽서를 사긴 하지만 그것은 엽서의 사진이 좋아서, 또는 기념품 대신에 구입하는 것으로 그 엽서를 실제로 누군가에게 부치거나 하는 일은 더 이상 없다. 그보다 훨씬 더 빠르고 정확하게 도착하며 가격도 저렴한 이메일이 있으니까. 메일을 보내고 답장까지 받는 데 타이밍만 맞으면 채 몇 분도 걸리지 않는다. 문제는 그 덕분에 여행의 가장 큰 쾌감 중 하나인 길 잃은 듯한 느낌을 잃어버리고 말았다는 것. 아주 구석진 오지로 물어물어 찾아가지 않는 이상 친구나 가족과 연락이 뚝 끊어지는 일은 없는 것이다. 설령 북극이나 히말라야, 혹은 이스터 섬과 같은 곳을 방문한다고 해도 식당과 숙소 사이 어느 골목에선가 낡은 컴퓨터 몇 대를 차려놓은 카페를 발견하지 않으리라고 장담할 수 없는 시대가 오고 말았다. 날마다 바다 건너 집으로 연락해서 이런저런 안부를 물을 수 있다니, 이제 여행을 할지언정 모험은 할 수 없게 되어버렸다. 아슬아슬한 모험의 낭만이여, 안녕.

"그렇다면 낭만의 시대, 다시 말해서 인터넷 이전 시대로 돌아가고 싶습니까?"

돌아가고 싶다고 해서 돌아갈 수만 있다면야. 과거로 돌아갈 수 없다면 현재의 미덕을 찾아보는 편이 현명하겠다. 나는 이제 내가 아마존 정글에서 건강하게 잘 지내고 있음을 열두 시간의 시차와 서른 시간의 비행 거리를 뚫고 단 몇 초 내에 서울로 전할 수 있으며, 내가 그리워하는 사람들이 잘 지내고 있다는 소식 또한 단 몇 초 내로 들을 수도 있다. 그것도 방금 찍은 사진과 함께. 인터넷 덕분에 길에서 만난 사람들로부터 지금도 종종 연락을 듣는다. 시간과 공간, 국적을 초월하는 소통이 가능해지니 어쩐지 이 세상이 전보다 더 평등하고 민주적인 곳이 된 느낌마저 든다.

미덕과 해악의 문제에 앞서 인터넷은 습관의 문제가 되어버렸다. 익숙한 무엇을 끊기란 언제나 고통스럽다. 금욕주의자보다는 중독자가 되는 편이 훨씬 더 쉬운 일이다. 아름다운 이국에서 생생한 경치를 구경하기보다는 어두컴컴한 카페에 틀어박혀 모니터 속 작은 글자들과 현실의 박제에 불과한 사진에 넋을 잃은 인간들. 문화적 충격보다도 'You've got mail'이라는 메시지 한 줄에 더 흥분한다. 우리는 공간뿐만 아니라 시간을 여행한다. 오직 전진뿐인 여행. 집으로 돌아갈 수는 있지만 과거로는 돌아갈 수 없다.

돼지를 치는 청년

우붓에서 한적하게 지내던 나에게 오래간만에 과업이 하나 생겼다. 친구 L이 발리를 방문하기로 했는데 그를 위해 아름다운 숙소를 하나 찾아내야 했다. 그는 발리에 산재한 이름난 호텔들을 견학하고 영감을 얻으며 휴가를 보낼 계획이었다. 어느 여름날 아침, 나는 까다로운 친구를 만족시킬 만한 숙소를 찾아 나섰다.

"멋진 호텔, 진짜로 근사한 호텔이 필요해. 그러니 지금부터 내가 말하는 호텔들까지 좀 데려다 줘."

발리 중부 농촌 지역인 우붓에서 새벽녘 일제히 목청을 뽑아 울어 대는 수탉들의 절규보다 더 귀를 괴롭히는 것이 있다면, 길거리에 삼 삼오오 진을 친 채 지나다니는 외국인을 향해 "트랜스포테이션?", "택시?", "구르마요?"를 외치는 운전사들의 목소리다. 놀라운 인내심으로 호객하는 사람들 중에서 우연히 청년 한 명을 알게 되었다. 자동차 대신 오토바이로 영업하는 젊은 남자다.

  생김새로 사람을 평가하는 것만큼 공평치 못한 일도 없겠지만 그러고 보면 처음 만난 사람을 달리 평가할 방법 또한 마땅치 않은 것이다. 그 청년의 생김새는 아무리 좋게 보려고 해도 선량하거나 성실한 것과는 거리가 멀었다. 넓적한 검은 얼굴에 툭 튀어나온 광대뼈와 하관, 뼈드러진 이, 보수로 얼마를 원하느냐는 내 물음에 교활하게 빛을 발하는 검은 눈동자, 하나같이 마음에 들지 않았다. 그럼에도 뿌뜨라(Putra)라는 이름의 청년을 고용한 것은 그의 행색이 매우 궁색해 보였고 다른 운전사들과는 달리 말을 할 때 조금 머뭇거리는 기색을 보였기 때문이다. 나는 말을 하며 머뭇거리거나 망설이는 사람들을 좋아하는데, 그들은 완벽한 거짓말을 하기에는 너무 순진하거나 타고난 심성이 연약한 인간들이라는 것이 지금까지 내가 경험을 통해 일반화한 사실이었다. 물론 오늘날 발리의 우붓——꾸따보다도 더 물가가 비싼 지역이다——처럼 고도의 관광화가 이루어진 곳에서 외국인을 상대로 생활하는 현지인들의 인상을 이런 일반화에 의지해서 정확히 걸러 내기란 쉽지 않다. 몇 푼을 더 받기 위해 본성을 숨기거나 거짓으로 위장하는 것은 아주 흔한 일이다. 나는 뿌뜨라의 젊은 얼굴을 한참 동안 바라보았다.

  "너한테 얼마나 줘야 하지?"

  청년은 잠깐 생각에 잠기는 듯 싶더니 내 눈치를 살피며 조그만 목소리로 말했다.

"한 5만 루피아 줘요."

"그건 너무 비싸. 5만 루피아면 오토바이를 하루 종일 빌릴 수 있는 돈인데."

"그렇다면 다 둘러보고 나서 당신이 알아서 주는 걸로 해요. 난 그냥 주는 대로 받을게요."

첫인상이라는 것이 별로 믿을 만하지 않다고 말하는 사람들도 있지만 나는 어떤 인간과 맺었던 관계의 파경에 이르러서야 오래전 그를 처음 보자마자 느꼈던, 연약한 홍채와 두뇌의 일부분을 엑스선처럼 관통하고 뒤통수 너머 어디론가 사라져버린 바로 그 첫 번째 인상이 실제로 얼마나 정확한 것이었는지 뒤늦게 깨닫고 혀를 차곤 했다. 첫인상이란 얇은 종이컵에 따른 지 오래되어 겉으로 누렇게 배어나온 기름과도 같은 것이다. 그와 지낸 오랜 시간들이 최초의 인상을 재확인해가는 더딘 과정에 지나지 않았다는 사실에 나는 믿었던 친구에게 배반당한 사람처럼 새삼 실망하곤 했다.

나를 등 뒤에 태운 청년은 거의 말이 없었다. 우리는 아만다리(Amandari)와 쿠푸쿠푸바롱(Kupukupu Barong), 피타마하(Pita Maha), 포시즌(Four seasons), 그리고 와카(Waka) 그룹에 속한 리조트들을 차례로 돌아보았다. 하나같이 아주 아름답고 정밀하게 꾸며진 최고급 호텔들로 정책상 단체 관광객은 아예 받지 않는, 부유한 외국인들이 조용히 휴식을 취하는 비밀스러운 공간들이다. 일박에 최소 삼백 달러를 호가하는 객실들로 어떤 호텔이든 서로 베긴 듯 인테리어나 전망의 수준이 엇비슷했다. 티크와 대리석, 면과 마 등 자연 소재를 사용한 인테리어에 시원스러운 전망, 잘 가꾸어진 열대 정원과 조그맣지만 고급스러운 개인 수영장……. 그러나 두 시간을 넘게 돌아봐도 마음에 꼭 드는 곳을 발견할 수 없었다. 멋있는 빌라는 너무 숙박비가 비쌌고 적당한 가격의 빌라는 지루할 만큼 평범했다. 모든 것이 완벽해서 막 예약을 하려고 하면 제 날짜에 빈 객실이 없다는 대답이 돌아왔다.

"누나……."

어느 호텔의 구경을 마치고 직원과 함께 정원을 걷고 있는데 뿌뜨라가 살그머니 다가와서 내가 가르쳐준 이름을 불렀다.

"누나, 잠깐만 저쪽으로 좀 같이 가봐요. 정말 근사해요."

나는 그와 함께 수영장이 내려다보이는 계곡의 끄트머리까지 걸어가 보았다. 푸른 수영장이 까마득한 계곡 저 아래에서 에메랄드처럼 찬란하게 빛났다.

"누나, 나는 이 호텔에 벌써 세 번째 와보는 거예요."

뿌뜨라는 버릇처럼 더듬거리는 영어로 띄엄띄엄 말했다.

"요전에 내가 여기 데려왔던 손님은 미국인이었어요. 돈이 많은지 조금 둘러보더니 마음에 든다며 별로 망설이지도 않고 그날부터 내리 사흘이나 이 호텔에서 묵었어요. 여긴 분명히 굉장히 비쌀 텐데요. 그렇지요?"

"비싸지."

"하룻밤에 얼마나 해요?"

"몰라. 어쩌면 백 달러도 넘을걸. 하여튼 아주 비싸지."

이렇게 값비싼 숙소를 알아보면서 단돈 몇 달러의 교통비를 아끼려는 외국인, 그게 바로 나였다. 청년은 내 옆에 서서 까마득한 아래 계곡을 흐르는 녹색 물을 한참 동안 바라보았다.

"누나, 내 영어 실력에 대해서 어떻게 생각해요?" 뿌뜨라가 불쑥 물었다.

"상당히 훌륭하다고 생각해."

청년의 험악한 얼굴에서 우울한 표정이 지워지고 슬며시 웃음이 떠올랐다.

"누나, 내가 어떻게 영어를 배우게 되었는지 알고 싶지 않아요?"

"알고 싶어. 하지만 나중에 말해줘. 지금은 일단 방을 찾는 일이 급선무니까."

우리는 호텔을 빠져나와 다시 오토바이에 올랐다.

"대체 어떤 방을 원해요?"

"바람과 햇볕이 잘 들고 널찍한 방. 투숙객의 숫자가 적은 호텔. 그리고 가능하면 지어진 지 얼마 안 되는 숙소. 단체 관광객이나 시끄러운 어린애들이 없는 곳. 그러면서 인테리어가 좋으면 좋을수록, 숙박비는 싸면 쌀수록 좋아."

그런 곳은 생각보다 찾기 힘들었다. 뿌뜨라는 내가 호텔에 도착해서 매니저와 이야기를 하고 직원을 따라 객실을 구경하는 것을 참을성 있게 기다렸다가 한 호텔의 탐사가 끝나면 다시 나지막한 언덕과 푸른 야자림을 지나 그 다음 호텔로 나를 데려다주었다. 수십 곳을 돌아보았지만 나는 결국 적당한 방을 찾지 못하고 다시 우붓으로 돌아왔다. 그런데 아주 우연한 기회에 원하는 방을 발견하게 되었다. 길에 세워진 광고문을 보고 그 표지판 옆으로 난 좁은 오솔길로 들어가보았다. 그 길이 끝나는 곳에 내가 바라던 숙소가 있었다.

그것은 호텔이 아니라 현지인이 자기 집 부지의 끝에 지어놓은 독채 빌라였다. 폭이 좁은 강 바로 옆에 세워진, 침실이 두 개 있는 매우 로맨틱한 빌라다. 각 침실에는 하얀 베일이 드리운 거대한 캐노피 침대가 놓여 있고 사람 세 명이 동시에 들어감 직한 크기의 대리석 욕조가 있는 욕실이 딸려 있었다. 바닥은 어디나 온통 대리석을 사용해서 맨발에 차갑고 매끄러운 돌의 감촉이 기분 좋게 와 닿았다. 전화나 텔레비전, 에어컨과 같은 문명의 이기들은 찾아볼 수 없었지만 5미터는 됨 직한 높은 천장에는 커다란 날개를 가진 선풍기가 여덟 대나 빙글

빙글 돌아가고 있었다.

"보시다시피, 침실 침대에 누운 채로 강을 바라볼 수도 있어요."

뚱뚱한 집주인이 자랑스럽게 말했다. 침대에 누워서 볼 수 있는 것은 강뿐만이 아니었다. 그 빌라는 전면을 비롯해서 사면이 모두 투명한 유리로 이루어져 있었다.

우붓의 고급스러운 숙소들을 모조리 섭렵하고 돌아온 내 눈에도 이 빌라는 상당히 근사하게 보였다. 평범하기 그지없는 현지인 영감님의 집에 딸린 부지 깊숙한 곳에 이토록 세련되고 커다란 빌라가 성처럼 세워져 있다는 것이 믿기지 않았다. 콘크리트보다는 대리석, 목재보다는 유리를 더 많이 사용하여 지은 집으로 콸콸 시원스러운 소리를 내며 흘러가는 강 바로 옆에 위치해 전망과 통풍이 그만이다. 내 얼굴을 걱정스럽게 올려다보던 주인이 허겁지겁 말했다.

"여긴 저녁이면 훨씬 더 멋있어요. 개구리와 풀벌레 우는 소리가 노래처럼 들리고 어둠 속에 온통 반딧불이 떠다니니까요."

나는 작달막한 주인을 바라보았다.

"물론 매일 아침 맛있는 아침 식사도 제공하지요. 토스트나 재플,*jaffle. 밀가루를 반죽해 만든 빵 안쪽에 바나나 달걀 등을 넣고 구운 토스트 홍차나 커피, 갖은 열대과실이 한 사발 가득 나오는 아주 성대한 아침 식사에요."

마음씨 좋게 생긴 뚱뚱한 주인은 손을 접시처럼 크게 벌리면서 열심히 말했다. 맨발에 허리에는 낡은 사롱을 두르고 여러 번 빨아 늘어난 러닝셔츠를 걸치고 있었다. 흰 머리카락이 섞이기 시작한 부스스한 머리의 주인은 우붓에서 태어나서 지금까지 살고 있는 50대 후반의 화가로 이름은 뇨만이었다.

"누가 이 집을 설계했나요?"

"바로 내가 했지요."

뇨만이 자랑스럽게 말했다. 후덕해 보이는 이 영감님이 이렇게 세련된 빌라를 디자인했다고? 이 정도 수준의 빌라라면 몇 가지 디테일, 예를 들어 불가리(Bvlgari) 목욕용품이나 전자 제품, 룸서비스만 보충한다면 우붓에 있는 그 어떤 고급 호텔의 객실에도 뒤떨어지지 않는다. 대담하고 창의적인 설계에 서양식과 발리니즈 스타일을 훌륭하게 조화시킨, 내외관 모두 거의 흠잡을 데가 없는 아름다운 빌라였다.

"물론 다른 사람의 도움도 좀 받았어요. 인테리어 디자인을 하는 미국인 친구가 있는데, 어떻게 하면 서양인들이 좋아할지 집을 지을 때 이것저것 조언을 해줬지요."

외국인의 부동산 소유를 인정하지 않는 인도네시아의 현행법상 발리에 집을 가지고 싶은 외국인들이 선택하는 방식은 다음의 두 가지다. 현지인으로부터 땅을 장기 임대(보통 30년)하여 그 땅에 자기 건물을 짓든가, 아니면 현지인에게 돈을 주어 현지인의 땅에 현지인으로 하여금 집을 짓게 하든가. 전자든 후자든 결국 그 건물은 계약이 끝난 후 현지인의 소유로 남게 된다. 현재 우붓을 비롯하여 발리 섬 각 곳에 지어진 숙소들 대다수가 이렇게 외국인의 투자를 통해 완성되었다. 나는 당장 예약금을 걸고 강 옆의 빌라 한 채를 빌리기로 했다.

뿌뜨라는 다음 날 아침 내가 묵고 있던 왕궁 근처의 민박집으로 찾아왔다. 나는 맨발로 방 앞 테라스에 놓인 등나무 의자에 앉아 주인아줌마가 날라다 준 아침 식사를 막 먹어치운 참이었다. 바나나 팬케이크에는 황금빛 꿀이 듬뿍 발려 있었다. 접시 옆으로 흘러내린 꿀에 곧 개미들이 모여들어 빨아먹기 시작했다.

"여긴 다 좋은데 개미가 너무 많아. 음식을 조금만 떨어뜨려도 금세 엄청나게 모여들지. 어쨌든 시골이니까."

따가운 한낮과는 대조적으로 차가운 공기가 상쾌한 아침이었다. 방 바로 앞 대나무 숲의 조그만 잎사귀들 틈새를 뚫고 맑은 아침 햇살이 테라스를 터질 듯 채웠다. 몇 모금 마시지 않은 투명한 갈색 홍차는 아직도 매우 뜨거웠다. 아침으로 나온 갖가지 과일 중에서 바나나를 한 개 건네니 청년은 사양도 하지 않고 받아 금세 껍질을 벗겼다. 우리는 한참 동안 말없이 각자 과일을 먹었다.

"오늘 밤 궁전에서 열리는 댄스 공연은 볼 생각 없어요?"

뿌뜨라의 말에 나는 고개를 저었다.

"이미 여러 번 봤어. 게다가 너무 값이 올랐어. 이젠 안 볼 거야."

매일 밤 우붓 궁전에서 열리는 전통 댄스 공연은 소위 문화 관광(cultural tourism)의 기지인 이 마을의 상징과도 같은 볼거리지만 몇 년 사이에 세 배 이상 입장료가 인상되었다. 소위 담합인 것이다. 레공(Legong)이고 바롱(Barong)이고 께짝(Kecak)이고 라마야나(Ramayana)고 간에 모두 똑같은 폭으로 값이 올랐다.

"나는 매일 밤 궁전 앞에서 댄스 공연 티켓을 팔고 있어요. 혹시라도 볼 생각이 있으면 꼭 나한테서 표를 사줘요."

"넌 상당히 바쁘게 사는구나."

"꽤 바쁜 편이에요. 틈틈이 집안일도 해야 하니까요."

땀빡시링에 있는 뿌뜨라의 집은 농사를 좀 짓고 돼지를 일곱 마리 키우고 있다고 했다. 돼지에게 밥을 주고 우리에 쌓이는 배설물을 날마다 치우는 것이 그가 해야 할 일이었다.

"난 이전에는 목공예도 배웠어요. 너무 힘들고 돈은 벌기 어려워서 결국 6개월 만에 도제 생활을 그만두고 말았지만, 여기 내 손의 흉터 좀 봐요."

그가 손바닥을 보여주자 나는 혀를 찼다. 억세게 생긴 그의 큼직한 손은 온통 커다란 상처투성이에 군데군데 아직도 굳은살이 심하게 박혀 있었다.

"이제 말해줘. 어떻게 영어를 배우게 되었는지."

"사실 나는 1년 전만 해도 영어를 전혀 못했어요."

청년은 감질날 정도로 천천히 이야기를 시작했다. 그는 어제와 똑같이 땀에 푹 전 주황색 긴팔 셔츠에 낡은 바지, 다 떨어진 샌들을 신고 있었다.

"나도 남들처럼 외국인 관광객을 상대로 돈을 벌어보고 싶었는데 어떻게 해야 할지 방법을 몰랐어요. 그래서 그냥 거리를 어슬렁거리는데 어느 날 한 서양인 남자가 내게 말을 걸었어요. 근데 그게 도대체 무슨 말인지 나는 전혀 못 알아듣겠는 거예요. 너무 당황해서 그냥 쳐다만 보고 있으니까 그 남자는 씩 웃으며 가버리더군요."

뿌뜨라는 그때 어떻게든 영어를 배워야겠다는, 소위 '야망'을 최초로 가지게 되었다고 했다. 더듬거리며 야망(ambition)이라고 말하면서 그는 발음에 자신이 없는지 내 눈치를 슬쩍 살폈다. 나는 고개를 끄덕였다.

"돈을 몇 주일 동안 모아서 헌책방에서 우선 제일 값싼 문법 책을 한 권 샀어요. 책값이 너무 비싸기 때문에 영어 사전을 사게 되기까지는 시간이 아주 오래 걸렸지요. 혼자 공부해서 쉬운 인사말과 숫자 세는 것 정도를 할 수 있게 됐는데, 어쩌다 호주 사람을 한 명 만나게 되었어요. 교사라고 했는데 그가 관광하는 것을 도와주고 헤어질 때는 서로 주소 교환도 했지요. 그 후 나는 그 사람에게 편지를 썼어요. 그런데 한 달 뒤쯤 답장이 온 거예요. 편지를 주고받으면서 영어가 늘기 시작했지요. 그 사람이 말하길, 영어를 잘 하고 싶으면 꼭 시제부터 익히라고 하더군요."

시제가 존재하지 않는, 즉 언제나 현재형뿐인 인도네시아어를 사용하던 사람이 시제를 익히기란 쉽지 않은 일이다. 졸지에 과거, 현재, 미래, 완료, 그리고 가정문까지 배워야 한다. 그러나 발리에서 영어란 곧 외국인을 상대할 수 있는 귀중한 능력이다. 농사를 짓거나 돼지를 치는 것과는 비교할 수 없을 만큼 쉽사리 많은 돈을 벌 수 있다는 뜻이기도 하다.

"내 영어 어때요?"

그가 다시 물었다.

"훌륭해, 아주."

뿌뜨라는 이제 스물두 살이라고 했다.

"누나, 내가 어떻게 결혼했는지 알고 싶지 않아요?"

나는 입안 가득 우적거리던 사과를 꿀꺽 삼켰다.

"알고 싶어. 말해줘."

"사실 난 그때 너무 어려서 결혼하기 싫었어요. 하지만 우리 가족은 모두 남자뿐이거든요. 할아버지, 아버지, 남동생들만 있었고 집안일을 할 여자가 아무도 없었어요. 밥하고 청소하는 가사는 어떻게든 해결할 수 있었지만 가장 큰 문제는 마을에 큰 제례가 있을 때마다 다들 한 집에서 여자 한 명씩 내보내서 공동으로 준비를 하게 하는데 우리 집만 여자가 없으니 도울 수가 없다는 거였어요. 매번 사정이 아주 난처했지요."

"그렇다면 일할 여자를 구하려고 결혼했다는 거야? 여성 단체에서 들으면 좋아하겠군."

"물론 난 그전부터 2년 동안 같이 잠을 자온 여자 친구가 있긴 했어요. 우리 아버지도 그걸 눈치 채고 있었나 봐요. 어느 날 나를 부르더니, '아들아, 네가 아직 어린 건 알지만 제발 좀 서둘러 결혼해서 우리 집안에 여자를 데려와다오.' 하고 부탁하더군요. 그래서 잠깐 생각 끝에 결국 결혼했지요. 아내는 얼마 전에 딸아이를 낳았어요. 그래서 이제 우리 집에는 1년 새에 하나도 없던 여자가 둘이나 생긴 거예요."

뿌뜨라가 살고 있는 땀빡시링은 우붓에서 멀지 않은, 폭포를 비롯해서 아름다운 자연경관을 가진 시골이다. 돼지를 키우는 틈틈이 외국인을 상대로 관광업을 꿈꾸는 이 청년과 나는 그날 이후 친구가 되었다.

"누나, 내가 우리 마누라를 어떻게 만났는지 알고 싶지 않아요?"
"알고 싶어. 하지만 오늘은 말고, 나중에 말해줘."
"발리에, 그리고 우붓에 오면 언제든 꼭 내게 연락해야 해요."
"어떻게 연락을 하지?"

뿌뜨라의 집에는 전화가 없었다.

"걱정 말아요. 나는 저녁 무렵이 되면 항상 우붓 궁전 앞에서 공연 티켓을 파니까. 당신이 그 앞을 지나가면 내가 놓칠 리가 없어요."

청년의 말이 옳았다. 나는 그 후 발리에, 그리고 우붓에 올 때마다 뿌뜨라를 만났다. 어둑해진 우붓 궁전 앞 거리를 걷고 있노라면 낯익은 그림자가 튀어나오며 기쁨에 찬 함성을 질러대는 것이다. 누나, 여기예요! 하고.

"누나, 작년 1년 동안 내게 무슨 일이 벌어졌는지 알고 싶지 않아요?"

"알고 싶어. 제발, 어서 몽땅 말해줘."

땀에 절어 악취가 풍기는 옷, 미소로 가득 찬 청년의 얼굴은 나에겐 늘 똑같아 보인다. 이렇게 우리는 댄스 공연이 벌어지는 궁전 옆 야자

나무 아래에서 끝도 없이 밀린 이야기를 시작한다. 은구슬이 구르는 듯 정밀한 가믈란 소리가 궁전 안쪽에서 흘러나오고 그윽한 향불 냄새가 코를 간지럽힌다. 부드럽고 서늘한 밤공기에 얼마 가지 않아 시간의 흐름을 잊고야 만다. 비현실로 들어온 듯 한결같이 평화로운 열대의 밤이다.

우붓

　발리를 방문한 친구 L의 짧은 여정에 우붓에서의 이틀을 포함시킨 것은 최근 십여 년간 이 진귀한 마을이 얻게 된 건축학적 명성—아름답게 건축된 호텔과 빌라, 식당들의 집합소—때문이기도 하지만 발리가 처음인 L에게 무엇인가 조금 다른 것을 보여주고 싶었기 때문이다. 동남아시아 어디에 가나 흔히 있는 것 말고 오직 이 섬에서만 경험할 수 있는 것이라면 무엇이 있을까.

　발리를 다른 해변 휴양지들과 차별하고자 하는 이들의 공통적인 첫마디는 이 조그만 섬에는 고유한 문화가 존재한다는 것이다. 문화라니, 오늘날 외국 여행과 관련하여 이보다 더 강력한 힘을 갖는 교조적인 단어는 다시없을 것이다. 문화적 체험이라는 설명 한마디에 이국에서 겪는 갖은 고생도 어느새 뿌듯한 즐거움으로 둔갑하는 법이다. 그곳에서 살아가는 인간들의 독특한 생활양식을 문화라고 한다면 세상 어느 후미진 구석을 찾아간들 문화가 없으랴. 그러나 발리의 문화는 그 빛깔과 향기에 있어 유난히 화려하다. 외국에서 몰려든 관광객들을 사로잡기 위해 지나치게 요란한 인공색소와 코를 찌르는 듯 독한 향료가 가미된 것도 사실이다. 서구의 예술가들이 이 섬을 찾아오기 시작한 1930년대를 기점으로 발리의 문화에는 작위적인 요소가 깊숙이 스며들기 시작했다. 힌두의 수많은 신보다는 인간 자신을 기쁘게 하기 위한 장식적인 요소들과 인위적인 기교가 발리의 농사꾼들이 행하던 소박한 예술에 깃들이게 된 것도 바로 이 시기부터이다.

　1930년대 이후로 발리인들이 그리는 그림의 방식은 나날이 세련되어갔다. 오늘날 그림의 마을로 소문난 우붓에 산재한 수많은 갤러리에는 이국에서 보낸 한여름 날의 추억을 위해 값싸게 팔리는 전통 민화의 조잡한 복제에서부터 머리를 꽃으로 장식한 이국적인 검은 피부의 사람들을 그린 고갱의 아류들, 그리고 스페인 초현실주의의 영향을 받은 듯한 추상화까지 골고루 섞여 있다. 쁠리아딴의 젊고 아름다운 무용수들은 서양에서 온 늙은 지식인들과 결혼하여 작지만 정교하게 꾸며진 호텔이나 식당의 아주인으로 들어앉았다. 그렇다면 과거에 그들이 추던 춤, 발리의 아름다운 전통 춤은 어떻게 되었을까?

　현재 이 섬에서 추이지는 춤들 중 어떤 것은 관광객들을 위해 20세기 중반 들어 급조된 것이다. 언제나 인기 만점인 께짝 댄스는 한 머리 좋은 서양인에 의해서 최초로 고안된 후 오늘날 발리를 상징하는 전통처럼 되어버렸다. 단체 관광객들의 바쁜 일정 속에 빠지지 않고 끼어 있는 바롱 댄스는 어떨까. 커다란 바롱이 흥겹게 뛰어 노는 거대한 공연장에는 퍼포먼스 중간 중간 출연자들이 눈앞의 관객을 향해 짧은 영어로 어색한 조크까지 던진다. 극이 끝나면 그들은 자리에서 일어나는 외국인 관객들을 향하여 이렇게 유쾌한 작별 인사를 건넨다. 아리가토 고자이마스! 관광객들은 이 독특한 섬의 고유한 문화를 보기를 원하고 미화 5달러 가량의 입장료를 지불한 대가로 그들에게 제공되는 것은 바로 이런 것이다. 여기저기 카메라의 플래시가 터지고 공연이 끝나면 일제히 감탄의 박수가 쏟아진다.

 수확량을 최대화하기 위해 화학적으로 조합된 비료가 마구 뿌려지기 전에도 이미 이 아름다운 남국의 섬에는 싱싱하고 건강한 푸른 모와 같은 문화가 자생하고 있었다. 그것은 너무나 파랗고 생기에 찬 모습이라 처음으로 이 섬을 방문한 서양인들의 눈을 의심케 할 정도였다. 이 섬에 들렀던 이방인들은 "모든 발리니즈들이 예술가"라고 다투어 떠들어댔고, 결국 발리로 날아와서 서핑을 위한 해변인 꾸따레기안의 반대쪽에 있는 조용한 시골 마을인 사누르나 우붓에서 몇 달이고 유유자적하는 것이 일부 서양 지식인들 사이에서 유행처럼 번져버렸다. 이것이 바로 1930년대의 일이다. 화가와 음악가, 철학자와 인류학자, 그리고 히피들이 차례로 발리를 방문했고, 그중 몇몇은 전쟁이 끝난 후에도 이 섬에서 살다가 결국 고국에 돌아가지 않은 채 생을 마감했다. 그들은 발리의 소박한 농부들에게 예술가라는 거창한 이름을 부여해주었다. 예전에는 모든 발리니즈들이 농부이자 예술가였다면 이제 이 섬에 사는 예술가들의 상당수는 외국인들의 돈을 노리고 전업한 얼치기들이다. 농부들이 직접 그림을 그리고 그들의 아내들이 가장 홀륭한 댄서이던 황금기는 이미 오래전에 지나가버렸다. 그리고 그 시절은 사라진 옛것들이 흔히 그렇듯 다시는 돌아오지 않을 것이다.

발리는 비옥한 화산재로 온통 뒤덮인, 세계에서 가장 풍요로운 섬 가운데 하나다. 씨앗만 제대로 뿌리면 이후 별다른 수고 없이도 곡식은 충분한 볕과 수분을 받아 쑥쑥 자라 금세 수확할 수 있게 된다. 오래전 이 섬에는 굶주리는 사람도 없었고 싸움에 열중하는 사람도 없었다. 발리의 언어(Bahasa Bali)에 '천국'에 해당하는 단어가 없는 것은 그다지 놀랄 만한 일도 아니다. "발리인이 죽어서 천국에 와보니 그곳이 다시 발리"라는 농담은 이 섬의 풍요로움을 상징적으로 말해준다.

발리니즈들은 일상의 노동을 마무리지은 후 남는 시간이면 이것저것 노동 외의 일에 열중했는데, 사원을 꾸밀 그림을 그리거나 옷감을 짜거나 돌이나 나무를 파서 조각을 하는 일 등이 그것이다. 발리의 춤이나 노래, 가믈란 연주도 처음에는 모두 인간이 아니라 힌두의 신들을 위해 바쳐졌던 것으로 "나쁜 것은 모두 발리 밖에서 온 것"이라는 발리인들의 논리에 따르자면 인간과 신을 이분법적으로 구분하는 사고방식도 서양에서 들어온 것이다. 신에 대한 공양은 맹목적인 고된 노동이나 비합리적인 소비가 아니라 발리인들 자신을 위한 오락이기도 했다. 그 예로, 발리인들은 신에 대한 제례 의식의 일부로 닭싸움을 벌이는 것을 빠뜨리지 않지만 싸움판 옆에 쌓여가는 내깃돈이나 카타르시스에 가까운 흥분은 신보다도 신을 모시는 그들 인간의 즐거움을 위한 것이다. 신을 위해 마련되고 바쳐진 음식은 결국 그 음식을 장만한 발리인들의 입으로 들어가게 된다. 신들의 섬에서 살아가는 사람들에게 제례(ceremony)란 곧 일상을, 신은 곧 인간을 의미한다. 신과 인간의 합일, 이것이야말로 발리의 신앙과 문화를 이해하기 위한 가장 중요한 단서이자 발리니즈 문화가 지닌 강인한 생명력의 근원이다.

신기한 것은, 외국인들의 끊임없는 손길에 의해 닳을 대로 닳아빠졌음에도 불구하고 발리의 문화에는 여전히 그 옛날의 푸른빛이 감돌고 있다는 사실이다. 발리에서 가장 무국적적인 꾸따레기안의 거리에는 신을 위해 아침 일찍 바쳐진 공물 접시들이 행인들의 발걸음과 들개들의 주둥이에 엉망으로 흩어진 채 나뒹굴고 있다. 그러나 그렇게 허무하게 부서질 것을 왜 날마다 수고를 무릅쓰고 다시 바치는지 의아해하는 사람은 아무도 없다. 이곳은 신들의 섬, 산속 깊숙한 곳에 자리한 순결한 마을이나 국제공항에서 5분 거리의 꾸따나 모두 신들의 섬에 속해 있다는 것은 다를 바가 없다. 문화 자체보다도 그 문화가 지닌 놀라운 생명력이야말로 이 아름다운 섬의 가장 큰 매력이자 수수께끼라고 할 만했다.

다행히도 L은 내가 찾은 강 옆의 빌라를 마음에 들어했다.

"대리석 욕조가 너무 크고 수도꼭지의 물은 너무 가늘게 나와서 욕조에 물을 다 채우려면 시간이 한참 걸리겠어."

이것이 숙소에 대해서 그가 발견해 낸 유일한 흠이었다. 집주인과 그의 아들이 화가인 덕분에 빌라 안팎에는 구석구석 이국적인 디자인의 주황빛 오지그릇과 조각들, 진귀한 탈 등이 배치되어 있었다. 투숙객을 위한 레스토랑으로 사용되는 강 옆의 노천 공간도 아름다운 나무 테이블과 의자들로 정밀하게 꾸며져 있었다. 이 가운데 몇몇은 대단히 세련된 모습이라 서울에서도 그 정도 수준의 가구나 소품을 구입하려면 제법 비싼 가게로 향해야 하지 않을까 싶은 생각이 들었다. 이런 소품들은 흙으로 빚어 불에 굽거나 나무를 조각해 만든 소박한 물건들이지만 잎사귀가 길게 늘어진 열대목이나 덤불, 군데군데 피어 있는 이름 모를 꽃들과 맞춘 것처럼 매우 잘 어울렸다. 소박한 자연물을 적절하게 이용하여 주변을 장식하는 발리니즈들의 탁월한 미적 감각은 언제 봐도 경탄을 자아냈다.

우리는 제단처럼 높다랗고 큰 침대에 깡충 올라앉은 채 유리벽 너머로 훤히 보이는 밀림을 한참 동안 바라보았다. 타잔이 나무 덤불에 매달려 고함을 지르며 우리 앞을 지나가도 놀랍지 않을 만큼 울창하다. 열어놓은 유리문 사이로 불어 든 서늘한 바람에 침대에 드리운 하얀 베일이 쉴 새 없이 펄럭거렸다.

"원래 우붓에서는 이렇게 아무것도 하지 않고 쉬는 거야."

옆에 벌렁 드러누운 친구에게 내가 설명했다.

"아무것도 하지 않는 것. 그것이야말로 우붓에서 해야 할 가장 큰일이야."

"그 다음은 뭐지?"

그 다음은 근사하고 낭만적인 레스토랑에 가서 저녁을 먹는 일이다. 우붓은 일박에 3달러짜리 싸구려 민박집과 사얀*Sayan. 우붓 외곽의 작은 마을의 일박 오백 달러짜리 숙소들이 별 문제없이 공존하는 소위 발리 문화 관광의 기지로, 국제적 자본이 동원된 호화로운 부티크 호텔들과 서양인 주방장들이 포진하고 있는 고급스러운 식당들로 유명하다. 문제라면 마음이 가는 식당의 숫자가 너무 많다는 것 정도였다.

나는 슈퍼마켓에서 집어온 관광 신문 — 주간이나 월간으로 몇 종

우붓의 그림 가게

류가 발간된다——에 소개된 우붓의 레스토랑들을 살펴보았다. 하나만 고르기에는 아무래도 식당들이 너무 많았다.

"지금부터 몇 개 불러줄 테니 그중에서 맘에 드는 것을 한번 골라봐."
내 말에 L은 고개를 끄덕였다.

"이번에 남프랑스 출신의 셰프를 새로 영입했다는 아무개 호텔의 프랑스 식당, 합리적인 가격에 싱싱한 스시와 사시미를 먹을 수 있다는 모모 일식집, 우붓에서 제일 멋있는 정원을 가졌다는 무슨 무슨 식당, 당할 자 없는 계단식 논 풍경을 자랑하는 어디 어디 레스토랑, 인도네시아 전통 음식을 맛보기에는 최고라는……"

우붓에는 이름난 식당들이 너무 많기 때문에 리스트를 작성해서 분위기가 좋다는 식당, 음식 맛이 뛰어나다는 식당 순으로 골라도 하루 세 끼씩 일주일이 빠듯할 정도다. L처럼 우붓에 고작 이틀 묵을 뿐인 데다가 인내력과 계획성이 모두 부족한 사람이라면 일찌감치 포기하고 조용히 백기를 드는 수밖에. 정보의 홍수 속에서 허우적거리고 싶지 않다면 그냥 길거리를 걷다가 눈에 띄는 적당한 곳에 들어가 식사를 할 수도 있다. 다행히도 우붓에서 '아주 나쁜 식당'을 발견하기란 쉽지 않은 일이다.

거리를 서성거리던 우리는 이윽고 '카사 루나'라는 이름의 식당으로 들어섰다. 식사 시간이면 언제나 외국인으로 붐비는 파티세리로 꾸며진 입구는 아담하나 안으로 들어가면 점점 넓어지는 3층짜리 커다란 식당이다. 나무로 된 나지막한 가구들이 편안하게 느껴지는, 조명이 상당히 어두운 식당이었다. 풀벌레 울음소리가 들리는 창가 쪽에 자리 잡고 앉자 웨이트리스가 다가와 테이블 위의 양초에 불을 붙여주었다. 베트남식 닭고기 샐러드와 안티파스토 한 종류, 그리고 인도네시아 스타일이 가미된 해물 파에야를 주문했다. 그리고 얼음처럼 차갑고 신 레몬 주스 두 잔.

주린 배에 맛있고 푸짐한 음식이 아니라도 어둠 속에서 다정하게 테이블을 비추는 닳아빠진 양초 한 자루와 뜰에서 불어오는 맑고 시원한 바람, 그리고 옆에 앉은 친구와 이런저런 옛이야기들을 소근거리는 것만으로도 금세 유쾌해졌다. 대도시에서 나고 자란 사람들에게 풀 냄새 향긋한 야외에 앉아 저녁을 먹는다는 것은 상당히 사치스러운 일이다. 우붓의 미덕이라면 세련된 호텔이나 식당, 길가에 늘어선 이국적인 갤러리의 예술 감각을 만끽하는 것 외에도 인생의 소박한 기쁨에 대해서 다시 생각하게 해준다는 데 있다. 아주 간단한 몇 가지만으로도 내가 얼마나 행복해질 수 있는지, 그 마술과도 같은 간결함을 발견하고 새삼 우연히도 뜻하지 않은 횡재를 하게 된 사람처럼 깜짝 놀라 가슴이 다 뛰게 되는 것이다.

내 마음에 드는 동네

　　머나먼 과거부터 지금에 이르기까지 이 세상에 이분법적인 사고가 횡행하는 가장 큰 이유는, 편견이라는 기제가 인간의 작고 가엾은 뇌에 가능한 무리를 적게 주는, 주어진 에너지를 가장 효율적으로 쓰는 동시에 심리적인 스트레스를 최소화하는 두뇌의 구동 방식이기 때문이다. 사람들이 즐겨 편견을 갖는 것은 그것이 자동 엘리베이터만큼이나 편리하기 때문이다. 엘리베이터에 타고 단추를 누르는 대신 가파른 계단을 걷고 걸어 목적지인 결론에 닿으려고 하는 사람은 다리 근육 유지의 중요성을 알고 있는 소수뿐이다. 여행과 관광을, 배낭족과 트렁크족을 굳이 구분하려고 하는 시도 또한 워낙에 분류—주어진 정보를 효율적으로 처리하는 데 필수적인 전제이다—를 좋아하는 인간 본성에 이분법의 편리함이 중첩된 결과이리라. 한 인간이 지적인 훈련을 쌓음으로써 얻을 수 있는 가장 큰 미덕이라면 선명한 검은색과 흰색의 양극단 사이에 다양한 층층의 회색빛을 띤 스펙트럼의 영역을 일구어 내는 것이다. 뇌의 구조를 본래와는 다르게, 자체 내의 효율이 아니라 타자의 눈을 닮은 합리성을 추구하도록 바꾸어가는 것. 우리 몸에 각인처럼 새겨진 생물학적 한계를 극복하는 것. 마침내 중력을 이겨내는 것.

"나는 트래블러야. 절대 투어리스트가 아니라고."

어느 여행지에서 만난 한 일본인이 이렇게 항변하는 것을 들은 적이 있다. 까맣게 그을린 얼굴에 말총머리, 도사처럼 덥수룩하게 수염을 기르고 사각 주머니가 여러 개 달린 헐렁한 바지를 걸친 남자였다. 집 잃은 강아지처럼 더러운 발에는 낡은 가죽 샌들을 신고 여윈 팔목에는 낡아빠진 G-shock 시계를 찼다. 이국에서의 오랜 여행에 이골이 난 고수다운 풍모였다. 오늘날 세계 어느 외진 구석을 가나 눈에 띄는 일본인들——세계에서 여행을 가장 많이 하는 국민 가운데 하나다——중에는 그처럼 하드코어 백패커를 표방하는 사람들이 많이 섞여 있었다. 물론 발리 섬을 찾는 주류 일본인들은 그렇지 않지만.

그 일본인 남자는 투어리스트(관광객)라고 말할 때마다 마치 더러운 단어라도 발음하는 듯한 표정을 지었는데, 사실 그 단어에 그런 반응을 보인 것은 그 남자뿐만이 아니었다. 나는 지금껏 관광객 혹은 패키지라는 말에 싫은 기색을 보이는 사람들을 꽤 많이 만나왔다. 그들은 여행사 이름이 선명하게 박힌 휘황찬란한 깃발 아래 옹기종기 늘어선 친근한 얼굴들을 발견하고 마치 모욕이라도 당한 듯한 표정으로 뒤돌아선다.

발리 중부 시장 풍경

우붓의 사롱 가게

세상의 다른 많은 일들처럼 여행은 자기만족과 취향에 달린 문제이다. 패키지로든 혹은 배낭여행으로든 즐거운 여름휴가를 보냈으면 그것으로 된 것이다. 여행사의 관광 상품을 사서 온 사람들을 여행의 참된 멋을 모르는 무능하고 무기력한 이들로 일반화하여 우월감을 느끼는 여행자라면 발리의 수공예품 공장 몇 곳과 관광지 한두 곳을 사흘에 걸쳐 팽이처럼 부리나케 돌아본 후 이 드넓은 섬을 속속들이 이해했다고 용감하게 선언하는 사람들보다 나을 바가 전혀 없다. 이국을 찾는 사람들을 관광객과 여행자로 이분화하는 것 — 주로 자신이 후자라고 주장하는 사람들이 즐겨 저지르는 짓이다 — 은 무의미한 일로, 자신에게 가장 편하고 취향에 맞는 방식을 선택하면 그뿐이다.

취향. 그렇다면 발리는 내 취향에 잘 맞는 섬이다. 무엇보다 물가가 싸고 음식이 입에 맞으며 한 관광지에서 다음 관광지로의 이동 거리가 지나치게 멀지 않아 편안하게 느껴진다. 바다에 싫증이 나면 까마득히 높은 화산에 오를 수도 있다. 드러누워서 책을 볼 수 있는 잔디밭이 펼쳐진 호수도 있고 박진감 넘치는 급류타기를 경험할 수 있는 강과 계곡도 있다. 어딜 가나 관광객이 너무 많아서 싫다고? 관광지에서 30분만 베모를 타고 들어가면 외국인 관광객이 1년에 열 명도 오지 않는 작은 마을들에 닿을 수 있다. 나는 석양과 맥도날드에서 파는 아이스크림과 예쁜 상점들 때문에 꾸따를, 고즈넉한 저녁과 페네스따난 *Penestanan, 우붓과 맞닿은 조그만 농촌의 논 때문에 우붓을, 그리고 지구에 홀로 남겨진 듯한 느낌 때문에 아멧(Amed)을 좋아했다.

그러나 발리에서 내 취향에 가장 맞는 마을이라면 역시 빠당바이(Padangbai)를 꼽을 수 있을 것이다. 조그만 어촌인 이곳은 연푸른 바다와 화려한 물속, 그리고 롬복으로 가는 배가 떠나는 항구로 유명하다. 가난한 여행자들이 편안하게 느낄 만한 여러 요소들을 골고루 갖추고 있을뿐더러 마을이 작아서 한 바퀴 도는 데 시간이 얼마 걸리지 않는다는 것 또한 마음에 들었다.

마을에는 내가 즐겨 가는 여관이 하나 있다. 싼 숙박비를 생각하면 아주 훌륭한 곳이다. 널찍한 2층 방의 벽은 온통 하얗게 칠해져 있고 방 중앙에 놓인 킹사이즈 침대에는 눈처럼 새하얗게 빤 시트가 단정하게 씌워져 있다. 높다란 천장에는 커다란 팬이 빙글빙글 돌아간다. 그러나 해가 지면 가을처럼 선선해지는 이 마을에서 선풍기는 한낮의 한두 시간을 제외하면 필요가 없다. 테라스로 통하는, 천장에서 바닥까지 이어진 유럽식 창문을 밀어 열면 맞은편 바다에서 서늘한 바람이 끝도 없이 방 안으로 밀려들어왔다. 3층짜리 여관의 옥상에서는 빠당바이의 항구와 새파란 바다가 훤히 내려다보였다. 옥상 구석에는 작은 부엌이 세워져 있고 테이블과 의자가 놓여 있어 투숙객들이 아침을 먹는 레스토랑으로 사용되었다.

이제는 회사 일에 단단히 목줄이 매인 슬픈 염소 신세가 된 L에게도 과거 한때나마 아프리카나 지중해처럼 낭만적인 지역들을 배낭 하나 달랑 메고 여행하던 황금시대가 있었다. 싸구려 숙소에 묵으며 식비를 아끼기 위해 시장에서 재료를 사다가 요리도 하고 트레킹 중에 먹을 도시락도 직접 쌌었노라고 그는 가끔 옛 시절을 회상하곤 했다.

"언제 어디서나 가장 만들기 쉬운 것은 스파게티야. 재료가 몇 가지 필요 없고 만들기도 비교적 간단하니까. 하지만 가끔 밥이 먹고 싶을 때는 볶음밥도 해 먹었고, 그리스에서는 시장에서 곱창을 사다가 버터를 듬뿍 넣고 곱창구이도 한 적이 있지. 다닥다닥 기생충이 잔뜩 붙은 곱창을 손질하느라 힘들어 죽을 뻔했지만."

가난하지만 궁상스럽게 느껴지지 않는 즐거운 옛 추억을 현실에서 재현하고 싶은 순간도 있는 법이다. 바닷가 레스토랑에서 푸짐한 해산물 점심을 먹는 대신 나는 안면이 있는 동네 처녀가 일하는 조그만 와룽으로 가서 나시짬뿌르*nasi campur, 인도네시아식 간이 정찬, 밥과 몇 개의 반찬으로 구성된다를 2인분 사 가지고 왔다. 1인분에 1달러도 안 되는 값싼 식사다. 나시짬뿌르는 발리에서 흔히 먹는 음식으로 밥에 몇 가지 반찬을 얹은, 우리말로 하자면 단출한 가정식 백반 정도라고나 할까. 반찬은 가게마다 그때그때 조금씩 달라지지만 주로 조그만 닭튀김, 생선튀김, 닭똥집구이, 사떼, 야채 무침, 뗌뻬, 따후, 계란말이 등이다. 이것저것 달라고 손짓하는 나를 향해 순박한 인상의 젊은 처녀는 빙긋 웃을 뿐 귀찮아하는 기색도 없었다.

L은 이미 널찍한 테라스에 테이블과 의자 두 개를 차려놓고 점심 식사 준비를 끝낸 후였다. 밥집 아가씨가 포장해준 종이를 조심스럽게 벗기고 뜨끈뜨끈한 밥을 각자의 앞에 펼쳐놓았다. 소박하기 짝이 없는 음식이지만 이가 시리도록 차가운 콜라를 곁들여 바닷바람을 맞으며 먹는 점심 식사의 맛은 각별했다.

"이럴 때 행복하다는 생각이 들지 않는 인간은 도대체 뭘까?"

내가 물었다.

"따뜻한 밥과 짭짤한 반찬, 얼음 같은 콜라, 그리고 저쪽에는 파란 바다가 보이지. 태양은 반짝, 바람은 서늘해. 이래도 행복하지 않을 수가 있을까?"

L은 먹는 일에 열중하느라 쩝쩝거리는 소리뿐 대답이 없었다.
　식사를 마친 우리는 바다에 가서 수영을 했다. 오후 세 시가 되자 또 배가 고파졌다. 숙소 3층의 식당으로 올라가 텅 빈 부엌에서 서울에서 사 가지고 온 라면을 한 개 끓였다. 너무 맑다 못해 보랏빛이 도는 하늘과 그 아래 고요하게 놓인 새파란 바다를 바라보며 사이좋게 라면을 나누어 먹었다.
　방으로 돌아왔다. 바다를 향해 열어놓은 문틈으로 바람이 끊임없이 불어 들어왔다. 멀리서 오랫동안 바다를 스치고 오느라 차가워진, 규칙적인 리듬으로 머리카락을 날리는 가벼운 바람에 나도 모르게 어느새 잠에 빠져 들고 말았다.

은둔자 게 납치하기

발리에 온 L씨의 숨은 목적은 따로 있다는 것이 곧 드러났다.
"어서 스노클링을 할 수 있는 곳으로 가야겠는데 말이야."
태양도, 수영도 별로 좋아하지 않는 그가 해변으로 가자고 나를 재촉한 것은 순전히 바다 생물을 채집하기 위해서였다. 빠당바이 앞바다는 발리 본토에서 찾아볼 수 있는 여러 다이빙 포인트 중에서 손에 꼽힐 만큼 훌륭했다. 발리 동부의 다이빙 명소인 아멧의 산호들이 엘니뇨의 영향으로 대부분 죽어버린 것과 달리 이곳의 바다는 물이 매우 차갑고 관광객이 많지 않은 덕분에 아직도 비교적 원형에 가깝게 보존되어 있었다.
L의 가장 큰 취미는 열대 어항 꾸미기였다. 그는 조그만 집에 물풀

과 알록달록한 물고기들로 가득 찬 유리 어항을 네 개나 가지고 있었다. 그중에서 가장 큰 어항은 그가 매일 밤 잠을 자는 구두 상자처럼 좁은 방의 너비와 거의 맞먹는, 즉 그의 키를 약간 넘을까 말까 하는 길이로, 어떻게 그렇게 큰 어항을 조그만 방에 집어넣을 수 있었는지 신기하기만 했다. 나머지 어항들은 첫 번째 어항만큼 거대하지는 않았지만 비좁은 집에 비해서는 여전히 컸다. 하나는 부엌 구석에, 또 하나는 욕실 앞에, 마지막 하나는 손바닥만 한 마루 구석에 놓여 있었다. 각각의 어항은 나름대로 완벽한 소우주였고 그 속에 사는 물고기들과 그들의 주인만이 알고 있는 질서에 의해 숨을 쉬고 움직였다. L은 화단을 가꾸는 것이 유일한 낙인 노인처럼 아주 정성껏 어항들을 돌봤다. 조그만 집 안 구석구석을 팽이처럼 힘찬 관성으로 돌아다니며 매일처럼 물고기 밥을 주고, 물을 갈고, 이끼로 푸르게 흐려지는 유리를 닦아 내느라 아침부터 밤늦게까지 정신없이 바빴다.

열대어를 왜 좋아하냐고 묻자 잠시 생각에 잠겨 있던 그는 이렇게 대답했다.

"조용하고, 우아하고, 헤엄치는 것을 보고 있노라면 어쩐지 마음이 편안해지니까."

그도 꼭 그랬다. 성품이 조용하고, 몸놀림이 우아하고, 행동하는 것을 보고 있노라면 내 마음이 저절로 편해지는 그런 인간이었다.

1년 전 L은 드디어 오랫동안 벼르던 해수 어항을 마련해서 눈이 튀어나올 만큼 값비싼 산호며 열대어를 정성껏 키우기 시작했다. 그는 매일 정해진 시간에 어항으로 다가가 그 소우주의 거주민들을 위해서 가루 사료를 조금씩 뿌렸다. 물속에 배치된 바위며 산호 틈에 꼭꼭 숨어 있던 수십 마리의 빨간색 새우들이 삽시간에 그 구수한 냄새를 맡고 뛰어나왔는데, 수많은 다리를 요령껏 움직여가며 일제히 먹이를 향해 유영하는 새우들의 모습은 잘 훈련된 새 떼가 모이를 주는 주인의 손길 아래 모여드는 광경을 연상시켰다. 대단한 장관이었다. 너무 많은 돈이 들지만 않는다면 나도 그 고상한 취미를 좋아했을 것이다.

"대체 별것도 아닌 게 왜 그렇게까지 비싼 거야?"

해수어에 문외한인 사람이라면 누구나 여의도나 청계천에 있는 허름하기 짝이 없는 외관의 수족관에서 그 조그마한 클램이며 산호 조각이 한 점에 수십만 원씩에 팔려나가는 것을 보고 경악을 금치 못할 것이다. 게다가 개중 허약한 놈은 사온 지 며칠을 못 넘기고 숨을 거두기도 한다. 시체를 들고 가서 환불이나 교환을 할 수도 없고, 눈앞에서 속수무책으로 수십만 원이 고스란히 날아가는 것이다.

"죽은 것은 요리해서 먹으면 안 될까?"

실질적인 정신의 소유자인 내가 물었다.

"안 돼. 어항에 정기적으로 투여되는 화학물질 때문에 몸에 안 좋아."

정작 L은 작고 알록달록한 물고기나 맥없이 흐늘거리는 산호에 큰돈을 쓰는 것을 별로 아까워하는 것 같지 않았다. 십만 원도 훨씬 넘게 주고 사들인 아기 주먹만 한 청록색 클램이 이튿날 아침 의문의 변사체로 발견되었을 때도 그는 상당히 침착했다. 슬퍼하는 것도 잠시, 냄비 속에 물을 붓고 죽은 클램을 집어넣어 푹 삶은 후 살은 발라내 음식물 쓰레기통에 던져버리고 예쁜 껍데기는 따로 잘 간수하는 놀랄 만한 냉정함을 보여주었다. 비실거리는 놈을 팔았다고 수족관 주인을 원망하는 일도 없었다.

이렇게 돈에 초연하던 그도 어느 남국에서 최초의 스노클링을 하고 난 후 갑자기 매우 현실적인 인간으로 변해버렸다. 돈을 아끼지 않고 마음껏 꾸민 졸부의 어항처럼 화려하기 짝이 없는 열대 바다 속 풍경에 감탄하는 것도 잠시, 그는 가벼운 잠수로 여러 마리의 소라와 허밋크랩,*hermit crab. 조개껍질에 들어가서 사는 조그만 게 그리고 두 마리의 블루링키아*파랑색 불가사리를 건져 냈던 것이다.

"서울에서 구입한다면 다 합쳐서 몇십만 원은 줘야 할 놈들이었어."

빠당바이 바다 속은 꽤 멋졌다. 어부들이 낚시에 쓰는 조각배를 타고 몇 킬로미터를 항해하여 포인트로 나아가니 생각보다 물이 매우 맑아 아주 깊은 곳까지 들여다보였다. 청정 해역에서만 살 수 있다는 산호 중에서도 지니아*xenia. 하얀 산호가 많이 보였고, 나비고기 종류의 화려한 물고기들이 숲처럼 펼쳐진 산호 사이에서 요리조리 헤엄쳐 돌아다녔다. 그러나 결국 우리는 오래지 않아 뭍으로 다시 돌아가야 했다. 알록달록한 물속 세계가 아름답긴 했지만 파도 때문에 헤엄치기 쉽지 않았고 날카로운 산홋가지에 몸 여기저기를 약간 베이기까지 했다. 물살이 거세어 눈에 띄는 허밋크랩을 제대로 주울 수가 없었다. 게다가 물은 얼음처럼 아주 차가웠다. 뼛속까지 떨려왔다.

"겨우 열 마리뿐이잖아!"

거친 숨을 몰아쉬며 해변으로 돌아온 우리는 초라한 수확을 헤아렸다. 잠시 숨을 고른 후 이번에는 나지막한 언덕을 통과하여 아까와는 반대편 해변으로 갔다. 투명한 파랑 물이 찰랑이고 잡목이 우거진 숲을 등진 작지만 아주 아름다운 해변이다.

"빨리 들어가서 좀 잡아 와라."

잠깐 쉬고 있는 나를 향해 L이 재촉했다. 불행히도 나는 그보다 수영 실력이 나은 편이었다. 할 수 없이 스노클을 물고 파도가 부글거리는 바다 속으로 들어갔다. 산호며 물고기가 꽤 많았지만 이곳 역시 조류의 흐름 때문에 마음대로 수영할 수가 없었다. 바다에서 헤엄치는 사람이라고는 오직 나 혼자뿐이었다. 깊은 바다로 50여 미터 정도 더 나아가니 파도가 아까보다 좀 잦아들었다. 가까이 있는 하드코럴*hard coral, 몸체가 단단한 산호들 사이를 떠돌며 눈에 띄는 허밋크랩—산홋가지 사이에 열매처럼 달려 있다—을 있는 대로 따서 무조건 수영복 속에 집어넣었다. 한참 해녀처럼 작업에 열중하고 있는데 저 아래 뭔가가 얼핏 보였다. 아니, 저것은? 자세히 보려는 순간 조류에 떠밀려 나는 목표물을 잃고 몇 미터가량 휙 밀려갔다. 다시 아까 그 자리로 가기 위해서 한참을 헤엄쳐야 했다. 대체 그놈이 어디로 갔지?

그것은 내 주먹보다 조금 더 큰 크기의 아주 아름다운 클램으로, 청색과 녹색이 반씩 섞인 멋진 빛깔을 띠고 있었다. 게다가 놀랍게도, 그 근사한 놈은 다른 클램들이 흔히 그러하듯 바위에 달라붙어 도저히 떼어낼 수 없도록 돌과 일체화되어 있지 않았다. 그냥 바다의 바닥에 사뿐히 놓여 있는 것처럼 보였다. 누군가 집에 해수 어항을 가진 운 좋은 사람—혹은 그의 충실한 친구—의 눈에 발견되기만을 내내 기다려 온 것처럼.

대략 삼사 미터 정도의 깊이였다. 이렇게 얕은 곳에 저렇게 아름다운 클램이 아직도 남아 있다니, 믿기지 않았다. 오늘날 동남아시아의 바다 속에 남아 있는 클램들은 너무 커서 효용 가치가 없거나 아니면 돌과 한 몸이 되어 도저히 떼어낼 수 없는 그런 놈들이다. 관광지와 가까운 바다 속에서 저렇게 작고 완벽한 모양새의 클램을 발견할 줄이야.

나는 당장 물속을 향해 몸을 거꾸로 세운 채 이를 악물고 물갈퀴를 내찼다. 조금만, 조금만 더, 드디어 내 손끝이 딱딱한 껍질에 닿았다! 청록빛 조갯살이 재빨리 움츠러들며 아가리를 닫았다. 바닥을 향하여 간신히 거꾸로 선 나는 바닥의 클램을 어떻게든 집어 들려고 안간힘을 썼다. 아, 그러나 그놈은 좀처럼 땅바닥에서 떨어지려고 하지 않았다! 아직 바닥과의 완전한 석화가 이루어지기 전이지만 벌써 뿌리가 내리기 시작한 것이다. 잡아당겼을 때 분명히 흔들거리는 느낌이 왔음에도 불구하고, 기를 쓰고 잡아당기는 내 손가락 사이에서 클램은 악착같이 버티고 있었다. 도저히 더는 참을 수 없는 순간까지 물속에서 그놈을 잡고 사력을 다해 몸부림치던 나는 결국 숨을 참지 못하고 수면으로 부상하고 말았다.

다시 잠수를 몇 차례나 반복했을까, 거친 클램 껍데기를 잡고 힘을 주어 잡아당긴 손가락 끝은 전부 날카로운 조개껍질에 베어 희게 헤어졌다. 물 위에 둥둥 뜬 채 클램을 내려다보던 나는 결국 그놈을 포기하고 해변으로 헤엄쳤다. L은 커다란 야자나무가 드리운 그늘에 편안히 누운 채 반쯤 잠들어 있었다. 숨을 헐떡거리며 비틀비틀 모래사장으로 올라오는 나를 보고 삐걱거리며 몸을 일으킨다. 기대로 반짝이던 눈빛은 내가 빈손인 것을 보고 금세 어두워졌다.

"전혀 못 잡았어? 하나도?"

나는 친구의 얼굴을 잠시 내려다보다가 이윽고 물이 뚝뚝 떨어지는 수영복의 아래위를 뒤져 허밋크랩을 꺼내 놓기 시작했다. 내 몸 속에서 크고 작은 허밋크랩들이 끝도 없이 나오자 L의 입은 점점 벌어지더니 결국 너무나 즐거운지 깔깔 웃었다.

"이봐, 내가 클램을 하나 발견했어."

그의 귀를 잡아당긴 나는 핏발이 선 눈으로 나직하게 속삭였다.

"정말 엄청나게 예뻤어……. 초록과 파랑이 반씩 섞여 있고 까만 점이 난 애야……."

친구의 눈이 쟁반처럼 커졌다.

"하지만 물론 너무 커서 집으로 가져갈 수 없을 정도겠지? 아니면 바위랑 찰싹 달라붙어 한 몸이 되어 있거나?"

"아니. 크기도 적당하고 바위에 고착되어 있지도 않았어. 마치 누가 버리기라도 한 것처럼 바닥에 놓여 있던 걸."

"그럼 왜 못 가져왔어?"

그 대답을 기다렸던 나는 손바닥을 뒤집어 피가 배어나기 시작한 손가락 끝을 보여주었다.

"손이 이 지경이 되도록 있는 힘껏 잡아당겼는데도 죽어도 안 떨어지던걸!"

상처가 쓰라리다고 펄펄 뛰는 나를 보며 L은 입을 벌린 채 멍하니 생각에 잠겨 있었다.

"잠수부용 나이프를 하나 가져올걸. 서울 돌아가면 당장 그것부터 사야겠다."

내 손의 상처를 염려하는 것도 잠시 L은 내가 잡아온 허밋크랩들을 자세히 살펴보느라 정신이 없었다. 특히 그중 한 놈은 다리가 새파란 색이라 매우 예쁘다고 기뻐했다.

"다음에 바다에 들어가면, 이놈들 갈아입힐 옷도 좀 주워오도록 해요."

"뭐라고?"

"허밋크랩들은 습성상 몸이 커지면 헌 껍데기를 버리고 새 옷으로 갈아입기를 원하거든. 그래서 종종 새 옷을 공급해줘야 하지."

그 후 이틀 동안 우리는 해변을 돌아다니며 눈에 보이는 대로 소라 껍데기를 주웠다. 귀국 비행기를 타기 위해 공항으로 떠나면서 L은 돌덩이처럼 묵직해진 짐을 지고도 조금도 귀찮아하거나 괴로운 기색을 보이지 않았다. 게으르기로 유명한 그로서는 대단한 일이었다. L의 커다란 가방은 값진 전리품으로 가득 찼다. 각각 열 마리가량의 허밋크랩들이 든 물병 세 개와 해수 어항 바닥에 깔 빠당바이의 하얀 모래 10킬로그램, 그리고 크고 작은 소라 껍데기 수십 개…….

"기대보다 훨씬 멋진 휴가였어."

작별의 악수를 나눈 후 그는 만족스러운 얼굴로 말했다.

"다음에 나 혼자서라도 또 발리에 와야겠어. 잠수부 나이프를 사가지고 말이야. 그리고 그때는 가방도 좀 더 큰 것을 가지고 오는 게 좋겠어."

며칠 뒤 나는 서울로 돌아간 L이 보낸 이메일을 받았다. 한두 마리 빼고는 모든 생물들이 무사히 어항까지 도착했노라고 적혀 있었다. 이민자들은 순조롭게 적응하고 있다고, 그들을 관찰하는 것이 너무 행복하다는 말도 잊지 않았다.

행복하다는 것은 좋은 일이다. 누군가를 행복하게 한다는 것은 더 좋은 일이다. L로 인해 나도 행복해졌다. 홀가분한 마음으로 다시 우붓으로 돌아왔다.

파당바이 바닷가

버스를 기다리는 현지인들

발리의 외국인들

 "내가 처음 발리에 온 것은 열두 살 때였는데 아빠, 엄마, 그리고 오빠랑 언니와 함께였었어. 이 섬에 두 번째로 왔을 땐 열여덟 살이었는데 남자 친구와 같이 휴가를 왔지. 그 후로 여자 친구들과, 다시 애인과, 가족들과, 그리고 스물여덟 살 때는 남편과 함께 신혼여행으로 이 섬에 왔어. 난 지금 서른다섯 살이고 여태 발리에 스무 번은 넘게 왔을 거야. 여긴 나에게 제2의 고향이나 다름이 없어."

꾸따의 한 바에서 만난 호주 여자는 이렇게 말했는데, 그 이야기는 놀랍지도 신기하지도 않았다. 내가 아는 한 발리는 이미 오래전부터 호주인들의 섬이었으니까.

레기안 거리의 어느 슈퍼마켓에서 집어온 관광 신문—제법 유용한 최신 정보가 실릴 때도 있다——을 읽다보니 발리를 방문하는 외국인들의 국적별 순위가 집계되어 있었다.

어느 나라 사람들이 가장 많이 이 섬을 찾을까. 1위는 예상대로 일본이다. 다음이 대만, 그리고 영국, 독일 순이다. 지리상 가깝다는 이점 때문에 그 수가 압도적으로 많지 않을까 생각했던 호주인들은 뜻밖에도 겨우 5위에 그쳤다. 5위까지의 순위에 멀고 먼 서유럽 국가가 둘이나 끼어 있는 것은 그들의 여름휴가가 매우 길고 휴양을 갈 만한 인접국들의 물가가 아주 비싸기 때문이다. 프랑스의 코트다쥐르나 스페인의 푸에르타 델 솔에서 가난한 일주일을 보낼 돈이면 이보다 훨씬 더 이국적인 향취가 풍기는 동남아의 섬으로 날아가서 최소한 한 달을 여유롭게 지낼 수 있다. 게다가 발리라니, 고갱이 살다가 생을 마감한 타히티만큼 진귀하진 못할지라도 발리 역시 20세기 중반 유럽인 화가들 몇 명이 찾아들어 현지인과 결혼도 하고 생의 마지막 나날들을 보낸, 모험과 낭만의 과거가 살아 숨쉬는 섬인 것이다.

지난 몇 년간 가장 큰 변화라면 발리를 방문하는 대만 사람들의 증가를 들 수 있겠다. 나는 처음에 그들이 인도네시아나 싱가포르, 말레이시아에 살고 있는 화교가 아닐까 생각했었다. 동남아시아 어디나 경제권을 잡고 있는 것은 화교들이다. 그러나 오늘날 발리에서 마주치는 중국인 관광객들은 대부분 대만 사람들로, 주로 여러 명씩 그룹을 지어 몰려다니며 성조가 강한 중국어로 와글와글 떠들어댄다. 그들이 속한 그룹의 규모로 보아서는 여행사를 통해서 단체로 온 패키지 관광객으로 추정되지만 기묘하게도 이들은 단체 관광단은 좀처럼 가기 힘든 장소——이를테면 우붓 시장이나 꾸따의 조그만 슈퍼마켓——에 예기치 않게 그 모습을 드러내는 경우도 있다. 한국의 관광객 단체가 정해진 코스를 결코 이탈하지 않는 것에 비해서 이들은 코스 자체가 아예 다르거나 아니면 여정에 상당한 자유가 허용되는 것 같다.

그러나 오늘날 발리의, 특히 가장 번화한 꾸따레기안의 거리를 주도하는 것은 역시 일본인들의 물결이다. 체격은 서양인에 비해서 왜소하지만 몸을 태우는 일이나 머리 손질에 신경 쓰는 정도에 있어서는 결코 뒤떨어지지 않을 일본인 서퍼들이 오늘도 벌거벗은 상체로 보드를 들고 꾸따의 좁은 강(gang) 사이를 씩씩하게 행진한다. 그러나 발리를 찾는 일본인은 역시 여자들이 압도적으로 많다. 양손에 각종 쇼핑 꾸러미를 바리바리 들고 염색과 자외선으로 노랗게 바랜 머리에는 헝겊 모자를 뒤집어쓴 채 얌전한 표정으로 꾸따의 복잡한 골목을 타박타박 가로지르는 일본 여성들. 현지인 지골로와 동행 중인 이들도 있지만 대다수의 여자들은 같은 일본인 여자와 짝을 이루어 발리로 온다.

쇼핑을 하기에는 역시 꾸따가 제일이다. 나는 꾸따의 뽀삐즈 골목 깊숙이 자리잡은 조그만 호텔에 머물렀는데 내 오른쪽 방과 왼쪽 방의 투숙객은 모두 일본 여자들이었다. 명랑한 태도에 예쁘장한 얼굴의 여자다운 여자들로 아침부터 저녁까지 어미 새가 둥지로 모이를 물어 나르듯 바리바리 쇼핑한 물건들을 이고 지고 숙소로 돌아왔다.

"이런 것들, 일본에서 사려면 아주 비싸거든. 그러니까 가능한 한 많이 사가지고 돌아가고 싶은 거야."

그들은 쇼핑한 물건들을 나에게도 구경시켜주었다. 조그만 그릇에서 세면대에 붙일 거울, 밥그릇에서 수저, 속옷이며 침대 시트에 이르기까지 품목이 아주 다양했다. 발리 공항에서 마주치는 일본 여자들은

파당바이 바닷가

흔히 휴가용이라기보다는 이민용으로 보이는 커다란 트렁크를 들고 있었다.

"문제는 이것들을 깨지지 않게 일본까지 잘 운반하는 거야."

그들은 어디선가 신문지를 한 아름 구해다 이미 포장된 기념품에 몇 겹 덧씌우는 수고를 아끼지 않았다. 꾸따나 레기안에 늘어선 깜찍한 가게들의 주된 고객은 바로 이런 일본 여자들이다. 길거리를 걷고 있노라면 "오겐키데스카? 구르마요?" 하고 접근하는 삐끼들은 물론이고 관광객을 상대하는 발리의 가게에서 일하는 점원이라면 누구나 일본어를 몇 마디쯤은 할 수 있다. 비슷하게 생긴 동양인으로서 약간 피곤함을 느낄 때도 있다. 발리의 평화로운 해변을 거닐라 치면 어느새 펄럭거리는 사롱을 든 고단한 얼굴의 장사치들이 나타나 어김없이 "니만고센(이만 오천)!"을 외치며 접근하는 것이다.

"정말 짜증나지 않니? 나야 일본인이니까 어쩔 수 없다고 해도, 너 같은 한국인들은 억울할 만도 하지. 동양인이면 무조건 일본어로 말을 걸며 접근하니 듣다 듣다 화가 다 날 것 같더라."

빠당바이에서 만난 일본인 여자 마유미는 이렇게 말했다. 그녀는 작달막한 키에 통통한 몸집, 둥글고 살찐 얼굴을 가진 20대 중반의 여자로 연보라색 무테 선글라스 너머로 조그맣게 찢어진 눈을 굴리며 근심스러운 듯 나를 올려다보았다.

"이 섬 어디를 가나 현지인들이 일본어로 예쁘네, 남자친구 있느냐, 되풀이해서 물으며 접근하는데 이젠 정말 지겨워서 미칠 지경이야. 그러면서 난 생각해봤지. 일본인인 우리 때문에 이런 말을 같이 들어야 하는 한국인들이나 중국인들은 얼마나 화가 날까. 그 사람들에게 정말

미안한걸, 하고 말이야."

"괜찮아. 나에게는 예쁘다는 말도, 남자 친구 있느냐는 질문도 하지 않던걸. 아마 걔네들도 너처럼 매력적인 일본 여자에게만 그렇게 치근대나 봐."

발리에 막 도착한 마유미는 싼 숙소를 묻기 위해 길을 가던 나를 붙잡은 참이었다. 수다를 끊기 위해 얼마 정도의 숙소를 원하느냐고 내가 묻자 곰곰이 생각하던 그녀는 이렇게 대답했다.

"쌀수록 좋지. 한 2만 루피아 정도? 그게 정 어려우면 3만 루피아까지는 쓸 수 있지만 그 이상은 힘들어. 그래. 아무래도 2만 루피아짜리를 찾아야겠어!"

부자라는 일본인들이지만 가끔 이렇게 부랑자에 가까운 하드코어들이 섞여 있었다.

영어를 거의 하지 못하는—벙어리만의 독특한 성적 매력이 있는 법이다—호리호리한 골격의 일본 여성들이 나풀거리는 얇은 천으로 된 치마 따위를 걸치고 주눅이 든 표정으로 눈을 내리깔고 꾸따의 좁은 골목을 조심조심 일렬로 걷고 있는 것을 보고 있노라면 제법 귀엽게 느껴질 때도 있다. 남자만큼이나 크고 건장한 몸집의 호주 여자들이나 오만한 표정으로 턱을 치켜세운 날카로운 윤곽의 유럽 아가씨들, 쫑얼거리며 지나가는 혼성 그룹 속에 끼인 중국 여자들과는 확연히 차별되는 일본 여자들의 묘한 여성성이야말로 그들이 치마 속 어딘가에 차고 있을 묵직한 엔화 주머니와 함께 발리의 사랑스러운 젊은이들을 잠재적 지골로로 길러 내는 원동력이 아닐 수 없다.

5

머나먼 섬

호수에서 만난 남자

토바 호수에서 수마트라 북부의 최대 도시인 메단(Medan)으로 이동하는 길에 한국인 여행자를 한 명 만났다. 자바, 보르네오, 하다못해 관광객들로 붐비는 발리에서도 혼자 여행하는 동포와 마주친 일이 없었는데 한적한 수마트라에서 한국인을 만날 줄이야.

토바 호수로 여행자들이 몰려드는 주된 이유는 저렴한 비용 때문이다. 절대적인 물가가 매우 쌀뿐더러 고급 숙소나 호화로운 식당이 전무해서 상대적인 박탈감을 느낄 여지조차 없는 곳이다. 푸른 호수가 훤히 보이는 깨끗한 숙소가 최하 1달러부터 있고 유명한 캐롤리나 코티지(Carolina cottage)처럼 사모시르 섬에서 가장 고급스러운 숙소라고 해도 일박 20달러를 넘지 않는다. 토바 호수의 숙소들은 숙박비를 싸게 책정, 여행객들을 장기 투숙시킴으로써 숙소에 부설된 레스토랑을 통해 수익의 대부분을 창출하는 합리적인 정책을 취하고 있다. 상대적으로 수마트라 여행의 식비는 발리나 자바 섬에 비해 결코 싸지 않다.

호숫가 생활이 평화로운 이유는 할 일이 별로 없기 때문이다. 바다에서와는 달리 서핑도, 다이빙도 할 수가 없었다. 하염없이 호수를 바라는 것 이외에는 산책과 낮잠, 독서와 수영이 전부였다. 흙냄새가 풍기는 민물고기 요리와 꿀처럼 달콤한 망고를 까먹기에 지친 나는 이만 호수 마을을 떠나 북쪽의 메단으로 가기로 했다.

메단이라면 수마트라 최대의 도시로, 추악한 모습의 콘크리트 건물들과 복잡하게 얽힌 도로와 교통 체증으로 악명을 떨치는 곳이다. 이것은 동남아시아 대도시들 대부분의 특징으로, 사실 메단은 그렇게 끔찍한 곳은 아니다. 어쨌든 풀라우웨에 닿기 위해서는 반드시 메단을 지나쳐야만 했다. 너덧 시간 걸리는 길이었는데 외국인 전용 승합차를 타기로 하고 티켓을 산 뒤 여행사 의자에 앉아 얼마간 기다렸다. 출발 시간이 가까워지니 허름한 행색의 일본인 몇 명과 늙은 서양인들이 한 명 두 명 도착하기 시작했다.

승합차에 오르려는데 아까 내게 표를 판 여행사 청년이 싱글거리며 다가왔다.

"당신 말고 한국인이 한 명 더 있어요. 서로 인사라도 하지 그래요?"

돌아보니 아까 얼핏 얼굴을 보고 일본인이리라 생각했던 사람이다. 작고 빼빼 마른 몸집에 수염을 기른 남자로 좁고 살이 없는 갈색 얼굴에 알이 동그란 안경을 썼다.

"아, 한국인이셨군요."

서로 애매하게 웃는 것으로 인사를 대신하고 차에 올랐다. 그는 홍콩에 거주하는 건축가라고 했다. 토바 호수에서 반년을 살았다는 말에 나는 깜짝 놀랐다.

"아니, 6개월이나 사셨다고요? 대체 호숫가 어디서요?"

"캐롤리나 코티지 근처였어요. 한 달 정도 휴가를 내서 왔다가 회사에 연락해서 휴가를 6개월로 연장했어요. 현지인에게 30만 원쯤 주고 호숫가에 조그만 집을 한 채 빌려서 페인트칠을 다시 하고 내가 직접 수리를 했지요. 어차피 난 직업이 그거니까. 동생이 자카르타에 있어서 가끔 거길 오가면서 지냈어요. 마음에 드는 외국인 여행자들을 만나면 호숫가의 집을 공짜로 빌려주기도 했지요."

우리는 인도네시아에 대해 한참 동안 이야기했다.

"전 인도네시아에서 발리가 제일 좋아요. 작고 편리하니까요."

내가 이렇게 말하자 그는 가엾다는 눈초리로 나를 보았다. 그건 마치 타이에서 파타야가 제일 아니냐고 말하는 사람을 볼 때와도 비슷한 눈빛이다.

"유람도 좋지만 그래도 일생에 한 번쯤은 결혼을 하셔야지요. 그 나이까지 노총각으로 돌아다니시면 사람들은 아마 '와, 여행 좋아하는 사람이로군.' 이 아니라 '우, 인생에 한이 맺혔나봐.' 이럴 것입니다. 이건 어디까지나 제 생각일 뿐이지만요."

내 말에 화가 났는지 노총각은 갑자기 돈 자랑을 시작했다.

"나는 홍콩에 집이 있고 얼마 전 아버지가 돌아가셨는데 상당한 유산을 남겨 주셨어요. 그래서 졸지에 아주 부자가 됐지요. 자카르타와 메단에 건물이 하나씩 있고 호주 태즈메이니아에도 작지만 집이 한 채 있어요."

홍콩의 리펄스베이에 펜트하우스, 자카르타의 이층집, 메단의 상가, 호주의 별장, 그리고 거액의 유산 상속자이기도 한 이 삐삐 마른 남자가 갑자기 매력적으로 보이기 시작했다.

그는 내 오른쪽 다리 안쪽의 흉터를 가리키며 왜 다쳤냐고 물었다. 오토바이의 머플러 때문에 생긴 상처였는데, 놀랍게도 동일한 위치에 그도 나와 꼭 같은 상처가 있었다. 하긴 그 위치의 흉터면 원인은 하나뿐이다. 똑같은 곳에 똑같은 상처가 있는 인간에게 동질감을 느끼지 않을 사람은 세상에 많지 않을 것이다.

그가 토바 호수에 매료되었던 이유 가운데 하나는 예상대로 대마초였다. 값이 싸고, 경찰에게 걸릴 염려가 없고, 같이 피울 유럽인들이 넘쳐나니까.

"그런데 참 이상해요. 그걸 피우고 난 후에는 갑자기 한밤중에 잠이 깨곤 해요. 너무 배가 고파서, 너무 허기가 져서 뭐라도 미친 듯이 먹고 싶어져요. 그래서 맨밥을 허겁지겁 퍼먹을 때도 있고 빵을 사서 쟁여놓은 것을 마구 뜯어먹을 때도 있지요. 마구 먹다 보면 지금 내가 뭐 하는 짓인가 싶기도 해요."

"그걸 피우면 다들 그렇게 돼요. 야생동물처럼 배가 고파져요. 모르셨어요?"

그리고 계속 피우게 되면 정신이 맑아지기도 하는 반면 어느 순간 아주 흐릿해지기도 하지요. 심해지면 혀가 꼬이며 횡설수설, 간혹 집에 가는 길도 잃어버려요.

"그런 것, 피우지 마세요."

내가 말하자 그는 어린애로부터 엉뚱한 제안을 들은 사람처럼 소리 내어 웃었다.

"거의 안 피워요. 자기 전에 딱 한 대. 잠을 자기 위해서 피우지요."

승합차는 몇 시간이나 줄기차게 달렸다. 울창한 열대의 숲으로 이루어진 오솔길을 통과했다. 열대성 폭우와 바람에 기묘하게 휘어진 몸체의 나무들이 끝없이 늘어선 아주 멋있는 숲길이었다. 갑자기 스콜이 내리기 시작하자 나는 손을 뻗어 창문을 닫았다. 후드득거리며 투명한 빗방울이 유리창에 묻어났다. 그는 비가 오는 풍경을 정신없이 바라보았다.

"반년 전 내가 처음 토바 호수에 오던 날도 이 길을 통과했는데, 그날도 바로 꼭 지금처럼 엄청나게 비가 내렸어요. 정말 대단한 폭우로 앞이 전혀 안 보일 정도로 하얗게 쏟아졌어요. 거센 비바람에 푸른 나무들이 활처럼 휘고, 그 모습을 보고 있으려니 가슴이 다 후련해졌어요. 마치 내가 온 것을 반기는 비처럼, 갑자기 이곳이 좋아졌어요. 그래서 6개월이나 머물렀지요. 언제든 다시 돌아오고 싶을 겁니다."

건축가의 재산 이야기를 더 듣고 싶었는데 버스는 어느새 메단에 도착했다. 그는 메단에 구입한 건물에 게스트하우스를 차릴 예정이라고 했다. 수지 타산이 맞지 않겠지만 상관없다며. 내가 묵을 만한 호텔 한 곳을 소개해주었다. 버스는 그 호텔 앞에 나를 내려주었다. 나와 남자는 악수를 나눈 후 작별을 했다.

여행을 거듭할수록 길에서 만난 사람들과 통성명을 하는 일이 점점 드물어진다. 이름도 성도, 묻지도 말하지도 않았기 때문에 우리가 서로 다시 볼 일은 없을 것이다. 버스가 떠나자 나는 알던 사람들과 전부 헤어져버린 듯 쓸쓸해졌다. 그게 사실과 다를 것도 없음을 깨닫자 갑자기 맥이 빠졌다. 그러나 다양한 국적의 사람들로 북적거리는 호텔의 화려한 로비에 들어서자 오래간만에 차가운 맥주를 마시며 뜨거운 통목욕을 할 수 있으리란 생각으로 다시 기분이 좋아졌다.

메단은 심각한 매연에 교통 체증, 배고픈 눈의 부랑자와 회색 건물들로 혼잡한 전형적인 인도네시아의 대도시다. 이런 곳의 장점이라면 두 가지, 편리함과 다양성이다. 일식당이 있어 우동과 스시를 먹을 수 있고 거리 곳곳에 ATM들이 눈에 띄며 공항과 버스 터미널에는 각 도시를 연결하는 비행기와 버스가 시간마다 뜨고 내린다. 거대한 수마트라 북동쪽 끝에 놓인 풀라우웨에 닿기 위해서는 우선 아체 주(州)의 중심인 반다아체(Banda Ache)로 가야 했다. 아체 주는 인도네시아에서 가장 근본주의적인 이슬람교도들의 본산으로, 천연가스 등의 지하자원이 풍부해서 그 이권을 두고 오래전부터 중앙정부와 극렬한 마찰을 빚어온 곳이다. 정부군과의 대치로 계속 사상자가 발표되고 있었는데 내가 간 시점에서는 분규가 잦아들어 비교적 안전하다고 들었다. 현지인들에게 여러 번 문의한 결과 떠나도 괜찮겠다는 확신이 섰다.

비행기 표를 산 나는 인터넷을 쓰기 위해 버스에서 만난 한국인 건축가가 알려준 대로 메단 중심가의 쇼핑몰을 찾아갔다. 지독하게 느린 조그만 화면으로 메이저리그 뉴스를 읽고 있는데 어떤 인도네시아인이 유리창 너머에서 나를 들여다보고 있는 것이 느껴졌다. 내가 못 본 척하자 고개를 갸우뚱한 남자는 저쪽으로 가는가 싶더니 다시 한 번 유리창으로 와서 나를 꼼꼼히 살핀다. 나는 고개를 들었다. 검은 얼굴의 그 남자가 누군가 하니 현지인이 아니고 바로 메단행 버스에서 이야기를 나누었던 한국인 건축가였다. 이쯤 되면 상당한 인연이라고 할 만하다.

"정말 아무런 일도 없었단 말이야?"

서울의 친구들은 나중에 그 얘기를 듣고 안타까운 얼굴로 이렇게 물었다. 나도 안타까웠다. 그는 다른 한국인 남자 한 명과 함께였다. 쉰 살 정도 되어 보이는 K라는 분으로 그들은 예전에 수마트라에서 만나 서로 알게 된 사이라고 했다. K씨는 건축가를 한 선생이라고 불렀다. 그들은 약속이나 한 것처럼 내 이름이나 신상 정보를 일체 묻지 않았다.

먼저 말하기 전에는 묻지 않는다. 여행에 이력이 난 사람들 사이에서 이것은 예의와도 비슷한 관행이었다. 한 선생은 계속해서 담배를 피워댔다. 검게 그을고 주름진 얼굴에 어린애처럼 천진한 표정을 가진 사람이었다.

"대마초를 못 피우니 대신 담배를 피우시는군요."

전 세계의 금연화를 지지하는 내가 말했다.

"그렇지요. 여긴 경찰이 많은 곳이니 담배를 피워야지요. 대마초는 자기 전에 딱 한 대, 침대에 누워 피웁니다. 어젯밤에도 이분과 같이 피웠는걸요."

K씨는 요 몇 년간 세계 각지를 많이 돌아다녔다고 했다. 키가 후리후리 크고 말수가 적으며 소년처럼 수줍음을 타는 분이었다. 머리는 길게 길러 하나로 묶었다. 여행 도사다운 풍모와는 달리 놀라울 정도

로 깨끗한 청바지를 입고 있었다. 새로 산 듯 바지 주름이 반듯하게 서 있었다. 할 말을 찾던 K씨는 손가락에 끼고 있는 큼직한 루비 박힌 반지를 내게 보여주었다.

"이 반지 어때요? 예쁘지요? 아프가니스탄에서 구입한 겁니다."

"예. 정말 예쁜데요. 아프가니스탄에 가보셨나 보군요."

"그럼요. 거긴 요즘 엄청 위험해요. 난 그애들 총격전 하는 것도 바로 옆에서 봤어요."

"……그것 참 대단하시군요."

내가 이렇게 말하자 K씨의 얼굴에 우쭐하는 소년의 표정이 떠올랐다. 그는 '빵야' 하고 총을 쏘는 시늉까지 내 보였다. 나이가 들었음을 느끼는 것은 거울을 볼 때뿐이다. 육체와 함께 정신이 늙지 않는 것은 축복일까 저주일까. 늙은 육신에 갇힌 채 돌아다니고 있지만, 껍데기가 흐물흐물해질수록 그 속에 든 버터처럼 부드럽고 향긋하며 때로는 썩어 냄새가 풍기는 것은 오히려 이전보다도 견고하게 유지되고 있는 듯했다.

두 명의 한국인과 나는 쇼핑몰 앞 복잡한 거리에서 작별을 고했다.

이제 풀라우웨에 가기로 했다.

친절에 관하여

어떤 인간에 대해 알고 싶으면 함께 여행을 해보라는 말이 있다. 그러나 때로는 진실 — 상대방에 대한 것이나 나 자신에 대한 것이나 — 을 모르고 사는 편이 더 나은 경우가 많지 않으냔 말이다. 특히 오래된 친구 사이에서는.

언젠가 친구 두 명과 상하이를 간 적이 있었다. 누가 더 친하다고 할 수 없을 만큼 둘 다 나와 가까운 사이로, 물에 빠진 두 여자 중에서 한 명만 구하라고 한다면 누구를 골라야 할지 한참 동안 망설여야 할 것이다. 첫 번째 친구는 상하이에 출장차 가는 길에 나와 동행했다. 그때는 11월이었고, 11월의 상하이는 예상했던 것보다 훨씬 추웠다. 하필 떠나기 전 숙소 예약을 내가 맡았다. 천장이 높고 고풍스러운 프랑스 식민지풍 방이었는데 히터가 작동하지 않아 밤이 되자 남극처럼 추워졌다. 우리는 옷을 있는 대로 껴입고 어둠 속에서 이를 덜덜 떨며 누워 있었다. 추위보다도 건너편 침대에 누운 친구가 밤새도록 나를 노려보는 것이 더욱 괴로웠다. 다음 날 아침 당장 방을 옮겼는데, 새로운 호텔에 체크인을 할 때까지 친구로부터 "너무 추워."와 "당장 옮기자.", 이 말들을 각각 스무 번씩은 들은 듯했다.

다른 친구는 오래간만에 얼굴을 보는, 나보다 몇 살 어린 여자였다. 첫 번째 친구가 나와 이틀을 지낸 후 서울로 돌아가고 바로 그날 밤 두 번째 친구가 다시 나와 사흘을 지내기로 예정되어 있었다. 멀리 떨어져 사느라 오랜만에 만나는 친구에게 예쁘게 보이고 싶다는 생각을 한 것이 화근이었다. 재회의 순간을 위해 나는 무심코 앞코가 뾰족하고 굽이 높은 구두를 신고 서울에서 상하이로 왔다. 이것 말고 운동화를 한 켤레 가져왔다고 생각했는데 가방을 아무리 샅샅이 뒤져도 나오지 않는 것을 보니 발이 편한 신발을 여벌로 넣었다고 생각한 것은 나만의 상상에 지나지 않았던 모양이었다.

뾰족구두를 신은 나는 첫 번째 친구와 상하이 곳곳을 쏘다녔다. 상하이는 더 크고, 더 높으며, 어딘지 엉성하긴 해도 여러모로 홍콩과 흡사한 도시였다. 중국 경제의 중심지다운 멋진 곳으로 볼 곳도 많고 갈 곳도 많고, 돈 쓸 곳은 더더욱 많았다. 하루 종일 엄청나게 많이 걸었다. 상하이 비엔날레를 관람하고 푸둥 지역으로 건너가 어느 일식집에서 스시로 식사를 마친 후 근처에 있는 진마오 타워의 하얏트 호텔로 갔다. 고속 엘리베이터를 타고 89층에 있는 클라우드 나인*Cloud 9. 'on the cloud 9'은 미국 속어로 매우 행복한 상태라는 뜻이라는 쿨한 바에 올라갔다.

까마득히 높고 어두컴컴한 곳이었다. 아득한 지구별을 내려다보는 우주선 비행사가 된 기분으로 위스키와 콜라를 계속해서 마셨다. 그날 밤 나는 결국 만취 상태에 이르고 말았는데 그 이유는 순전히 고통을 잊기 위해서였다. 이른 아침부터 자정 무렵까지 뾰족구두를 신고 총총 걷다 보니 결국 발이 너무 아파 죽을 지경이었다. 친구 몰래 몇 번이나 웅크리고 잠깐씩 쉬어야만 다시 얼마간 걸을 수 있었다. 나중에는 감각이 사라지고 아주 희미한 통증만이 멀리서 욱신거렸다. 그러나 그 전날 추위에 떨면서 잠을 잔 친구에게 아까운 관광 시간을 쪼개서 신발을 사러 가자고 차마 말을 꺼낼 수가 없었다. 결국 나는 피로 물든 뾰족구두를 끌고 절뚝거리며 드넓은 상하이를 쏘다녀야 했다. 친구는 고통스러워하는 나를 미처 보지 못한 듯 앞만 보고 빠른 걸음으로 또박또박 걸었다.

지옥의 이틀이 겨우 지나고 드디어 나는 두 번째 친구를 만났다. 그 애는 푸단 대학에서 열린 학회에 참석하려고 상하이에 왔는데 못 본 사이에 학문에 지나치게 열중한 듯 전보다 마르고 창백했다. 호텔에서 만나서 호텔 앞 식당까지 이십여 미터를 걸어가는데, 그 애가 고개를 갸웃거리더니 대뜸 이렇게 묻는다.

"혹시 발 아파?"

두 번째 친구는 저녁을 먹는 대신 가까운 상점까지 나를 등에 업고 뛰어가서 피가 흐르는 가련한 발에 당장 헐렁한 팀버랜드를 사서 신겨 주었다.

친절한 사람을 만나는 것은 청결하고 부드러운 잠자리에서 잠을 자는 것만큼 기분 좋은 일이다. 반다아체에서 알게 된 첫 번째 사람인 제임스 씨도 나에게 매우 친절하게 대해주었다. 메단에서 비행기를 타고 한 시간쯤 가자 반다아체에 도착했다. 아체 주의 주도(洲都)인 이곳은 하얀 모스크에서 끊임없이 울려 퍼지는 기도 소리에 이글거리는 태양, 길고 검은 천으로 몸을 가리고 조용히 돌아다니는 여인들의 모습이 한눈에도 정통적인 이슬람교도들의 도시였다. 목을 찢을 듯 처절한 기도 소리에 어딘지 두려운 느낌이 든 것은 오랫동안 반복적으로 주입된 선입견일까, 아니면 낯선 곳에 대한 막연한 공포일까. 후자에 대한 것이라면 나는 지난 15년 동안 그것 하나 없애는 것 말고는 한 일이 없었다.

눈부신 흰 모스크는 반다아체의 상징이었다. 나는 모스크 앞에서 출발하는 베모를 타고 풀라우웨행 페리가 출발하는 항구로 갔다. 수마트라의 다른 관광지와는 달리 사람들은 외국인을 처음 보는 듯 엄청난 인파가 내 주변으로 모여들어 함께 사진을 찍어달라고 졸라댔다.

"이번에는 내 어깨에 다정하게 손을 얹은 포즈로 한 장만 더 찍어주세요."

단체 사진 촬영이 끝나자 10대 여학생 한 명이 열심히 부탁했고 그 뒤에는 비슷한 표정의 학생들이 각자 카메라를 손에 든 채 초조하게 차례를 기다리고 있었다.

웨 섬으로 가는 페리는 생각보다 아주 거대했다. 흔들림이 거의 느껴지지 않아 좋았다. 한 중년 남자가 서툰 영어로 말을 걸며 내 옆 자리에 앉았다. 거무스름한 살찐 얼굴에 금테 안경 너머로 싱글벙글 눈웃음이 넘치는 명랑한 남자로, 제임스라고 자신을 소개했다. 활짝 웃는 얼굴이나 말투에서 상냥함이 철철 넘쳐흘렀다.

"나는 웨 섬의 이민국에서 일하는 공무원인데, 직장에서 보내준 자동차가 항구에 마중 나와 있을 테니 그 차로 당신을 목적지까지 데려다줄게요."

항구에 도착하자 그의 말대로 차가 대기 중이었다. 아주 깨끗한 신품의 이스즈 트럭이었다.

풀라우웨는 생각보다 상당히 큰 섬으로 제주도 정도의 넓이는 되는 듯했다. 너무 늦은 밤이라 내가 목적지로 정한 해변까지 갈 수가 없어 시내에서 숙소를 찾기로 했다. 여관 몇 군데를 돌아보았지만 생각보다 숙소 사정이 열악하다. 매음굴로 쓰기에도 부적절할 만큼 심한 곳들이다. 늦은 밤이라 더 돌아볼 엄두가 나지 않아 그나마 제일 나아 보이는 곳에서 묵기로 했다. 체크인이 끝났지만 제임스는 호텔을 나설 생각을 하지 않는다.

"집에 안 가세요?"

"집에 가봤자 아무도 없는데 뭘."

그는 그윽한 눈으로 나를 바라보았다. 제임스의 가족은 모두 반다아체에 있고 그는 이 섬으로 파견을 나온 공무원이라고 했다. 낯선 남자, 그것도 이슬람 남자가 베푸는 친절을 순수한 호의라고 생각했다면 그것은 여중생의 입에서나 나왔으면 모를까 너무 순진한 발언이리라.

"이름이 뭐예요?"

초조해진 내가 물었다.

"제임스 말고, 진짜 이름말이에요."

머뭇거리던 그는 '자말'이라고 대답했다. Jamal. 흔한 무슬림 이름이다.

"그럼 자말 씨, 오늘은 이만 작별하고 내일 아침에 봅시다."

내가 말하자 그는 그제야 아쉬운 얼굴로 호텔을 떠났다. 한국 여자를 처음 보는지 숙소의 남자 직원들이 소란을 피웠다. 화장실의 더운물이 안 나온다고 말하자 청년 서너 명이 우르르 내 방에 들어와서 수도를 고치는 척 나를 살피느라 정신이 없다. 방에서 내보내면 다시 들어오고, 또 내보내면 또 들어오고, 참다못해 내가 벌컥 화를 내자 겨우 잠잠해졌다. 잠깐 침대에 누워 잠이 들었나 싶었는데 누가 다시 문을 두들겨서 성난 얼굴로 일어나 보니 어느새 다음 날 아침이었다.

문을 열었다. 찬란한 아침 햇살과 함께 제임스가 방 앞에 서 있었다.

"안녕?"

뚱뚱한 아저씨는 가느다란 눈웃음을 치며 말했다. 결국 엄마 젖을 뗀 이후로 공짜란 세상에 없는 것이다. 나도 안녕 하고 말하는 수밖에.

풀라우웨

　　타운에서 해변까지는 꼬불꼬불한 산길로 반 시간 이상 걸렸다. 자동차를 태워준 것에 대한 답례로 자말 씨에게 내가 아침을 샀는데, 정확한 내용물이 무엇인지는 모르겠지만 내가 먹어본 중 최악의 아침 식사였다. 강낭콩 삶은 것과 젤리와 두리안을 섞은 듯한 기묘한 음식이었는데 초콜릿과 땅콩버터, 반쯤 상한 푸아그라를 함께 비벼 먹는 것처럼 괴상한 맛이었다. 이것이 아체 주의 일반적인 아침 식사라고 했다. 개도 먹고 개구리도 먹고 쥐도 먹는 내 식성으로 삼키지 못할 정도라면.

　　어쨌든 자말 씨의 도움으로 나는 목적했던 해변, 술탄 호텔에 무사히 도착했다.

"자식 있어요?"

제임스가 물었다.

"있어요."

"몇 명 있어요?"

"다섯 명이요."

아이가 몇 명이든 혼자 외국 땅에 와 있는 여자라면 무슬림 눈에는 더없이 자유로운 영혼으로 보일 것이다. 자말 씨를 방에서 끌어내기까지는 생각보다 훨씬 오랜 시간이 걸렸다.

"필요한 일 있으면 언제든 불러요."

상냥한 눈웃음과 함께 이렇게 말한 그는 작별의 인사로 내가 내민 손을 오랫동안, 아주 오랫동안 잡고 있었다.

웨 섬은 처음에 내가 생각한 것보다 상당히 컸다. 그리고 관광화가 전혀 이루어지지 않았다. 덕분에 바다 속은 매우 순결한 상태로, 거대한 만타레이,*manta ray. 쥐가오리 살아 있는 화석과도 같은 거북 떼들이 바글거려 이들과 함께 헤엄치다 보면 문득 무서운 생각이 들 정도였다. 수많은 나비고기와 동가리, 트리거피시와 에인절피시, 쏠배감펭까지. 물고기와 산호로 가득 찬 열대 바다 이외에 눈에 띄는 것은 히피처럼 보이는 유럽인 몇 명과 본토에서 놀러온 듯한 현지인들 약간, 그리고 들개처럼 하릴없이 쏘다니며 마주치는 외국인들에게 말을 걸어보는 동네 젊은이 몇 명이 전부였다. 동네라고 부를 만한 것이 형성되어 있지도 않았다. 나무 가옥 몇 채가 야자수 밑에 둥지를 틀고 웅크려 있는 것이 전부였다. 아체 주의 유혈 분규 때문에 외국인 관광객이 급감한 것을 고려한다고 해도 너무나 한적했다. 아주 무딘 인간이라고 해도 어느 순간 참을 수 없을 만큼 극심한 고독을 느낄 정도로.

"나는 프랑스에서 왔어."

조그만 식당에 앉아 외로이 밥을 먹고 있는데 키가 큰 유럽인이 인사를 하더니 내 옆에 앉았다. 경험상 이렇게 다정한 눈빛의 이방인의 목적은 둘 중 하나이기 마련이다. 돈 아니면 신나는 정사. 혹은 두 가지 모두이거나.

"나는 사진작가야."

프랑스인은 다시 열성적으로 말했다. 금발에 푸른 눈을 가진 사내였다. 전자일 확률이 높아졌다.

"그러니까 《내셔널 지오그래픽》에 실리는 것 같은?"

"아니, 그것보다는 좀 더 개인적인 거지. 이를테면, 너를 주인공으로 해서 일종의 비디오 영화를 촬영하는 거야. 이 섬을 배경으로, 네가 원한다면 바다 속에 들어가서 수중 촬영도 할 수 있어. 옷을 모두 벗고 태초의 모습으로 거북이와 함께 수영하는 것 어때? 아주 멋지겠지?"

프랑스인은 자기 방에 노트북과 카메라, CD 굽는 기계가 완비되어 있다며 한번 방문해줄 것을 청했다. 후자일 확률도 올라가기 시작했다.

"물론 CD 제작은 공짜가 아니야. 나도 먹고 살아야 하니까. 이런 식으로 경비를 마련하며 여행 중이거든. 하지만 절대 비싸지는 않아. 하여튼 그런 이야기는 내 방에서 하는 게 좋겠어. 내가 여태 찍은 작품들을 보여줄게. 난 꽤 많은 사람들을 찍었거든. 그중에는 일본 여자도 있었고 브라질에서 온 남자도 있었지. 다들 내 실력에 만족해했어."

아무래도 전자인 것 같았다. 나는 그의 방에 찾아가지 않았고 프랑스인은 그 후 나를 보면 눈인사를 하긴 했지만 더 이상 말을 걸거나 내 옆에 앉는 일은 없었다.

"섬 일주 투어를 할래요? 내가 운전할 테니 뒤에 앉아만 있으면 돼요."

술탄 호텔의 직원 중 '리'라는 이름의 청년과 가까워졌다. 길고 말라빠진 팔다리가 사슴과도 같은 느낌을 주는 젊고 훤칠한 남자로 외국인 관광객들에게 이미 익숙해 어떻게 해야 돈을 벌 수 있는지 잘 알고 있었다.

나는 엉거주춤 그의 뒤에 올라탔다. 주요 도로는 그럭저럭 포장이 되었지만 샛길이나 산길은 그대로 흙이 드러나거나 포장이 무너져 내린 곳이 많고 빗줄기로 푹 팬 구멍 때문에 위험스러웠다. 숲을 관통하는 길에 수많은 원숭이 떼가 기다리고 있다가 우릴 보자 아우성을 치며 할퀼 듯 사납게 오토바이로 달려든다. 리가 꺾어준 나무 막대기를 손에 들고 휘두르는 시늉을 하니 겨우 뒤로 물러났다.

섬은 아름다우나 별다른 특징은 없었다. 그동안 너무 많은 섬을 본 것일까. 나뭇잎 틈새로 쏟아지는 햇빛, 풀 냄새, 새 울음소리, 모든 것이 아주 익숙했다. 더 이상 산길을 올라갈 수 없게 되자 우리는 수풀 한 곁에 바이크를 세우고 걸어가기 시작했다. 훨훨 날 듯이 앞서가는 청년의 뒤를 따라 간신히 산길을 올라 찾아간 폭포는 아주 작았다. 물이 탁해 수영할 기분이 나지 않았다. 내가 멍하니 조그만 소(沼)를 바라보고 있는 동안 청년은 풀숲 구석으로 가서 오줌을 쌌다.

섬 구경이 즐거워지는 것은 역시 해안 도로를 달릴 때부터다. 이런 근사한 길이라면 아무리 달려도 싫증이 나지 않는다. 연푸른 물감을 탄 것처럼 희미하고도 투명한 물을 왼편에 두고 끝없이 달린다. 나지막한 고개를 넘고 교복을 입은 채 집으로 돌아가는 조그만 아이들을 스치고 하얀 물소 떼를 지나서 다시 산길로 들어섰다. 저 앞쪽에서 시커먼 먹구름이 다가오고 있지만 우리 위의 하늘은 아직 새파랗게 개어 있고 햇볕은 뜨겁기만 하다. 먹구름과 충돌이라도 할 듯 아슬아슬하게 달리다가 이번에는 방향을 틀어 이제 구름을 뒤로 하고 필사적으로 도망치기 시작한다. 서울에서는 경험해본 적이 없는 유쾌함이다. 야자수 사이로 바람이 거칠어지기 시작한 바닷가를 달리고 씁쓰름한 나무 냄새로 가득한 어두운 숲 속을 통과하여 사나운 원숭이 떼를 뒤로 한 채 전속력으로 부랴부랴 산을 넘는다.

하늘은 이미 어두워졌고, 축축한 바람이 마구 부는 것이 날씨가 심상치 않았다. 바이크는 하늘로 날아오를 듯 전속력으로 달리고 우리는 몰려드는 먹구름으로부터 용케 달아나고 있었다. 머리에 미지근한 빗방울 몇 개를 맞긴 했지만 그 외에는 전혀 젖지 않은 채로 무사히 해변으로 돌아올 수 있었다.

오토바이에서 내려 내 방으로 뛰어 들어오자 곧 요란한 폭우가 쏟아지기 시작했다. 비는 며칠 밤낮으로 계속되었다.

풀라우웨 해변

이까라는 이름의 소녀

　개발도상국을 여행함으로써 인류의 행복과 세계 평화에 기여할 수 있다고 믿는 사람들이 있다. 여행을 통해서 현지에 도움을 주는 데에는 크게 두 가지 방법이 있다. 첫째로 현지에서 달러를 씀으로써 곤궁한 현지인들의 경제에 도움을 줄 수 있다. 그러기 위해서는 정부가 운영하는 숙소나 교통수단의 이용을 가급적 피하고, 거대한 공룡과도 같은 다국적 기업이 운영하는 곳 또한 가능한 한 이용하지 않는 편이 바람직하겠다. 즉 현지인들이 소규모로 운영하는 곳에 돈을 쓰자는 말이다. 여행으로 세계 평화에 기여하는 두 번째 방법은 상대적으로 우리에게 덜 알려진, 혹은 왜곡되게 알려진 지역을 여행하고 이해함으로써 그간의 몰이해와 편견을 줄이는 것이다. 이를 위해서는 세심한 관찰이 필요하며, 현지인과 대화를 해볼 수 있다면 좋을 것이다. 아무리 수줍은 여행자라고 해도, 가장 보수적인 여행지라고 해도, 낯선 이와 대화할 기회는 종종 찾아오기 마련이다. 일부러 피하지만 않는다면.

웨 섬의 최대 약점은 바로 날씨였다. 건기와 우기의 구별이 흐릿하여 비로부터 완전히 자유로운 시간을 1년 중 하루도 보장받기 힘들었다. 며칠째 주룩주룩 비가 내렸다. 방안에 틀어박혀 노트북으로 마작과 솔리테르*Solitaire. 혼자서 하는 카드놀이에 열중하던 나는 우연한 기회에 술탄 호텔에서 일하는 청년 리의 여자 친구와 친해지게 되었다. 주말을 이용해 뭍에서 놀러온 아가씨였는데 호텔의 구석진 방에서 머물고 있었다. 나이에 비해 침착하고 조용한, 반짝거리는 눈이 총명해 보이는 이까라는 이름의 여자다.

"전 반다아체에서 대학을 다녀요. 경제학 전공이고요."

내가 걸친 옷이나 신발 따위에 관심을 나타내는 것은 길에서 마주치는 또래의 인도네시아 여학생들과 다름이 없었지만 그들과는 달리 이까는 내 물건을 탐내는 기색이 전혀 없었다.

"반다아체에 가면 우리 집에서 머물러요."

태도가 다정하고 상냥한 아가씨라 가족들도 다 그 비슷할 것 같았다. 그녀의 어머니는 초등학교 선생님이라 했다. 그리고 세 명의 여동생들.

"그런데 우리 집은 부자가 아니라서, 불편할지도 몰라요."

이까는 아버지가 몇 년 전에 돌아가셔서 집안 형편이 곤궁하다고 고백했다.

"내 방은 아주 좁아요. 둘이 자기에는 큰 문제가 없지만요."

이렇게 말하고 그녀는 내 반응을 살짝 살핀다. 어리다는 게 바로 이런 걸까. 고독해 보인다는 이유로 낯선 외국인을 흔쾌히 침실로 초대하는 것. 그렇다면 나는 지금껏 한 번도 어려본 적이 없었던 것 같은데.

다음 날 아침 우리는 페리를 타고 반다아체로 왔다. 이까네 집은 시내 외곽 골목 진 주택가에 있었다. 과일 장수가 과일을 팔고 불량 식품 노점상들이 군데군데 보이는, 내가 어린 시절 살던 동네처럼 누추하긴 해도 아늑한 느낌을 풍기는 곳이다. 이까네 집은 아담한 목조 2층 주택으로 여자들끼리 사는 집답게 조촐하고 아기자기했다. 초라하지만 여성스러운 하얀 손뜨개 레이스와 오래 묵은 나무 가구들로 장식이 되어 있었다. 좁은 마당에 매어놓은 나무 그네 위에 빨래를 말리고 있었다. 볕이 좋은 오후였다.

키가 조금씩 차이 나는 쾌활한 세 여동생과 걱정스러운 표정의 여윈 어머니, 그리고 눈이 휘둥그레진 옆집 여자들까지 몇 명 뛰어나와 섬에서 돌아온 맏딸과 이방인을 반갑게 맞아주었다.

잃어버린 수영복

학창 시절 나는 건망증이 유난했는데 특히 소소한 물건을 너무 잘 잃어버려 무엇이든 구입할 때 여유분을 하나 더 사서 가슴 아픈 분실에 미리 대비하는 기묘한 버릇이 생길 정도였다. 새로 산 립스틱이나 휴대용 분첩은 항상 몇 번 써보지도 못하고 하나 둘씩 사라져버렸다. 학생증이나 주민등록증 등 신분증을 잃어버린 것도 수차례였다. 그중 대부분은 재발급을 받은 후 나중에 다시 찾아 책상 서랍을 열어보면 똑같은 것이 몇 장이나 들어 있었다.

이까의 집은 그녀의 말을 듣고 예상했던 것만큼 빈곤해 보이지는 않았다. 초라하나 비참하지는 않다. 좁은 계단을 따라 2층으로 올라가니 얇은 판자로 벽을 막은 방이 몇 개 있었다. 그 가운데 하나가 이까의 방으로. 어두컴컴한 좁은 공간은 낡은 책상과 바닥에 깔린 매트리스로 꽉 차 있었지만 여학생의 거처답게 잘 정리가 되어 있었다. 구석에 앉아 가방을 풀고 급하게 쑤셔 넣은 짐들을 정리하다 보니 뭔가 허전하다. 아, 웨 섬에서 마지막 수영을 한 후 물이 뚝뚝 떨어지는 수영복을 방문에 붙은 옷걸이에 걸어놓고 그냥 술탄 호텔을 떠난 것이 그제야 생각났다. 내 물건들 중에서 가장 값이 나가는 수영복으로, 브라질의 로맨틱한 해변과 멕시코의 아름다운 호텔 수영장에서 나는 그걸 입고 생애 가장 행복한 헤엄을 쳤었다. 추억의 기념물을 포기하기에 웨 섬은 아직 너무 가까이 있었다.

"너무 걱정하지 말아요."

이까가 열심히 나를 위로했다.

"내 여동생 남자 친구가 웨 섬의 술탄 호텔에 연락할 수 있으니 그 사람에게 부탁해볼게요."

"네 여동생 남자 친구?"

"예. 이곳 반다아체에도 술탄 호텔이 있는데 그는 거기 매니저예요. 아주 핸섬한 사람이에요. 왜냐하면 내 동생은 굉장히 예쁘거든요. 예쁘고 재능도 많고……."

이까는 조심스럽게 말했다.

"내 동생은 얼굴이 아주 하얗고 예뻐요. 나와는 전혀 달라요."

그녀의 여동생을 만났을 때 나는 깜짝 놀랐다. 그 여자 애의 얼굴은 과연 이까의 말처럼 매우 희었다. 우유처럼 희고 매끄러워 보이는 피부가 백인 소녀를 연상케 할 정도였다. 그리고 브루넷의 풍성한 머리. 확실히 이까처럼 갈색 피부에 새까만 머리카락을 가진 여자들이 주종을 이루는 인도네시아에서는 보기 드문 모습이다. 차라리 필리핀 여자에 더 가까웠다. 게다가 검은 눈이 아니라 밝은 갈색에 가까운 깊고 부드러운 눈이라니, 혼혈처럼 신비스러운 느낌을 주는 눈동자였다.

그러나 사실을 말하자면 그 여자 애는 전혀 아름답지 않았다. 이까의 동생은 성장이 채 이루어지지 않은 어린애처럼 팔다리가 짧고 매우 뚱뚱한 여자였다. 소녀티를 벗지 못한 젖살이라고 하기에는 어딘지 음란한 느낌마저 감도는 비만이었다. 그러나 내가 놀란 것은 눈처럼 하얀 얼굴이나 살집 때문이 아니었다.

방년 열여섯 살이라는 그 애는 도자기처럼 매끈한 얼굴에도 불구하고 표정은 마치 서른여섯처럼 나이 들었다. 발육이 지나쳐 스판덱스 쫄바지와 배꼽티 바깥으로 민망할 만큼 툭 튀어나온 엉덩이나 젖가슴 때문이 아니라 바로 그 애의 얼굴에 떠오른 표정에 나는 놀랐다. 그렇게 음탕한 느낌을 주는 열여섯 살 소녀는 어디서도 본 적이 없었다. 이까의 동생이 아니라 한참 손위의 언니처럼 느껴졌다. 탐욕스러운 얼굴로 내 화장품이나 옷가지를 샅샅이 살피기에 티셔츠를 하나 줬더니 기쁜 얼굴로 깡충 뛰면서 당장 몸에 걸친 채 방구석에 걸린 조그만 거울로 달려갔다. 망치처럼 덜렁거리는 가슴과 풍만한 머리채를 흔들며 갖은 포즈를 다 잡는다.

이까 여동생의 남자 친구가 곧 집으로 찾아왔다. 서른이 조금 넘은 남자였지만 마흔 살 정도로 보였다. 이까의 말대로 잘생긴 사내였다. 크고 당당한 체구에 윤곽이 뚜렷한 얼굴, 그리고 망설임이라곤 조금도 없이 나를 빤히 마주 보는 무표정한 검은 눈동자.

두 남녀의 애정 표현은 비교적 원칙에 엄격한 무슬림 사회인 반다아체에서 대체 어떻게 저런 것이 가능할까 의아할 정도로 노골적이었다. 가족들이 곁에 있음에도 아랑곳하지 않고 꼭 붙어서 입술을 비벼댔다. 그들에게 등을 돌린 채 이까는 황급히 나에게 물었다.

"저, 배고프지 않아요?"

"그래. 박소나 한 그릇 먹었으면 좋겠는데."

이까의 오토바이를 타고 어둡고 조용한 밤거리를 돌고 돌아 조그만 식당을 찾아갔다.

"집으로 가져가서 먹는 편이 좋겠어요. 아무래도 치안 때문에 그게 나을 것 같아요."

"유혈전은 완전히 끝났다고 들었는데 아닌가?"

"정부군과의 싸움은 없지만 워낙 뒤숭숭해져서, 며칠 전에 시내에서 총소리를 들은 사람들이 있대요. 강도인지 정부군인지는 모르겠지만, 아마 강도일 거예요."

비닐봉지에 국물과 면을 받아 집으로 돌아오니 남녀는 여전히 낡은 소파 한구석에 기대어 앉은 채 부둥켜안고 서로 쓰다듬느라 여념이 없었다. 어린 천사처럼 희고 매끄러운 얼굴에 동그란 아기 돼지처럼 살찐 소녀가 산전수전 다 겪은 듯 노련해 보이는 남자의 무릎에 깡충 올라앉아 키스에 여념이 없다니, 그로테스크한 광경이 아닐 수 없었다.

집이 좁은지라 식당이 따로 없었다. 커플이 앉아 있는 소파 앞에 놓인 탁자에서 먹는 수밖에. 한번 상상해보시라. 연극 무대처럼 거실 겸 식당이 펼쳐져 있다. 조그만 소파에서는 16세 소녀와 32세 남자가 서로 찰싹 달라붙어 연신 신음 소리를 내고 있고 내 옆에 앉은 이까는 어색함을 덜기 위해서인지 끊임없이 서툰 영어로 말을 걸어왔다. 뜨거운 국수 그릇을 앞에 둔 나는 그녀가 하는 말을 듣는 둥 마는 둥 고개를 끄덕이며 박소를 퍼먹었다. 이렇게 무엇인가를 열심히 해본 것은 오래전 유학을 위해 GRE 시험문제를 풀 때 이후 처음인 것 같았다. 지금 내 주변에서 벌어지는 어색한 모든 일을 잊기 위해 그야말로 미친 듯이 먹고 있으려니 어느 순간 갑자기 이웃집 여자들과 이까의 어머니가 몰려와서 탁자 옆에 조그만 돗자리를 깔고 머리쓰개를 뒤집어쓴 채 한 사람씩 돌아가며 저녁기도를 드리기 시작했다. 무슬림은 하루에 다섯 번씩, 사우디아라비아의 메카가 있는 방향을 향해 이렇게 알라신에게 기도하는 것이다.

전쟁과도 비슷했던 십여 분이 지나가자 긴장이 풀리며 노곤해졌다. 이까의 방으로 올라갔다.

"우리 아버지에요."

그 애는 어디선가 낡은 앨범을 꺼내왔다. 흑백 사진들과 흐릿한 컬러 사진 몇 장이 붙어 있었다. 사진 속 남자는 이까와 비슷한 선량한 눈매에 소심한 표정을 가진 여윈 사람으로 알이 두꺼운 안경을 걸치고 있었다. 아버지는 어머니와 마찬가지로 학교 선생님이었다고 했다.

"마음씨가 아주 좋은 분이었을 것 같은데."

"그래요. 정말 그랬어요……."

이까는 나를 매트리스에 눕게 하고 자신은 그 옆의 딱딱한 바닥에 누웠다. 잠이 막 들려는데 무슨 소리가 나서 눈을 떠보니 그녀는 훌쩍훌쩍 울고 있었다.

"동생이 걱정돼요. 그 남자랑 그러지 않았으면 좋겠는데, 어머니는 우리 집에 남자가 없으니 그 사람을 가장처럼 여기고, 동생은 내가 아무리 말을 해도 들은 척도 하지 않아요."

내가 몇 마디 위로의 말을 건넸지만 가엾은 소녀는 잠이 들 때까지 계속해서 울었다. 아버지가 살아 계셨더라면. 이까는 내가 애써 쥐어짜낸 농담에 깔깔거리다가도 이내 다시 눈물을 흘리기를 반복했다. 아직 어린 소녀가 숨죽여 흐느끼는 소리를 듣고 있자니 나도 어쩐지 마음이 슬퍼져서 밤새 이상스러운 꿈에 시달려야 했다.

기념품

　여동생의 남자 친구를 통해서 웨 섬으로 연락을 취했던 이까는 난처한 얼굴로 말했다.
　"술탄 호텔 직원들이 당신 물건은 아무것도 발견하지 못했다고 하는데요."
　"말도 안 돼. 분명히 방문에 걸어놓고 왔단 말이야."
　직원 중에서 누군가 처음으로 그 어여쁜 수영복을 목격한 사람이 가진 것이 분명했다. 그러나 어쩔 도리가 없다. 웨 섬은 반다아체의 항구에서 페리로 한 시간 반가량 떨어져 있을 뿐이지만 이곳과는 차원이 다른 또 하나의 세계처럼 느껴졌다. 여기서는 조금도 영향력을 미칠 수가 없는 것이다.

"화가 많이 났군요. 이제 나를 더 이상 친구로 생각하지 않겠지요?"

소녀가 힘없이 묻는 순간 나는 잃어버린 수영복에 대해서는 잊어버리기로 했다. 무슬림 여자가 비키니를 걸치고 남국의 해변을 활보하기란 쉬운 일이 아닐 텐데, 어쩌면 그 물건을 차지한 인간은 실용적인 목적보다는 휴가객이 조개껍질을 줍듯 이국적인 기념품을 수집하려는 열망이 있었는지도 모르겠다.

반다아체는 흡사 누군가의 엄중한 감시라도 받는 것처럼 도시 전체가 아주 조용했다. 거리 구석에 탱크가 세워져 있는 것이 보였다. 자동차와 사람들이 극도로 조심해서 움직이는 것처럼 어디에도 소리란 것이 거의 들리지 않았다. 길거리에 식당의 숫자는 많았지만 손님들로 붐비는 곳은 한 곳도 없었다. 대부분 먼지가 뽀얗게 쌓인 테이블이 몇 개 놓인 조그만 식당들이다. 나와 이까는 그중 한 곳에 들어가 새우튀김과 치킨 커리로 점심을 먹고 부근에 있는 맥도날드로 옮겨 오렌지주스를 마셨다.

이까는 계속해서 내 얼굴을 보며 이야기를 했고 나는 소녀가 하는 말을 들으며 가끔 고개를 끄덕였다. 여행지에서 만난 사람들과의 대화가 피상적인 수위에서 겉도는 것은 마치 반다아체에 있으면서 이곳에서 한 시간 반 떨어진 웨 섬에 아무런 힘을 미칠 수 없는 것과도 비슷한 일이다. 다른 장소와 다른 시간이 존재한다. 나는 반다아체에 속해 있지 않았고 속해 있는 것처럼 보이려고 노력하는 일에도 진력이 났지만 그렇다고 갑작스레 그 일을 그만둘 수는 없었다. 다정한 눈으로 나를 뚫어지게 바라보는 어린 여대생 앞에서 보다 쾌활해질 필요가 있었다.

"다음에 당신이 반다아체에 다시 오면, 그러면 그때는 좀 더 오래 우리와 머물러요. 이 근처 해변으로 소풍도 가요. 해변, 아주 아름다운 해변이 많아요. 물론 웨 섬만큼은 아니지만. 음식을 가지고 가서 하루 종일 놀다가 저녁에 노을 지는 것을 보고 돌아오지요."

열심히 말하는 이까의 눈동자를 마주 보면서 나는 그 애가 하는 말을 조용히 듣고 있었다. 그 말들은 분명하고 똑똑하게 한쪽 귀로 들어왔다가 그림자만 남긴 채 다른 쪽 귀로 깨끗하게 빠져나갔다. 우리가 앉아 있는 맥도날드 안은 에어컨을 아주 세게 틀어 시원했지만 유리창 너머로 들어오는 뜨거운 햇살이 바깥의 무더위를 짐작케 했다. 이곳은 열대지방이었다.

"다음에 당신이 또 반다아체에 오면, 그리고 웨 섬에 오면……."

이까는 말이 끊길까 봐 두려워하는 사람처럼 계속해서 중얼거렸지만 그 애가 뭐라고 말했는지 더 이상 기억나지 않는다. 보드랍고 걱정스러운 표정만 잔상처럼 남았다.

짐을 가지고 공항으로 떠나려는데 이까의 막내 동생이 수줍은 듯 손을 뻗어 무엇인가를 내민다. 받아 보니 어른 주먹만 한 크기의 베이지 색 소라고둥이다. 니스 칠을 한 덕분에 자연의 미묘한 빛이 사라지고 알루미늄처럼 차갑게 번들거렸다.

최근에야 나는 그 소라고둥의 용도를 발견했는데, 집으로 놀러온 어린 조카딸의 귀에 요술 물건이라고 하면서 대어주는 것이다. 컵이나 손바닥을 둥글게 말아도 똑같은 소리를 낼 수 있다는 것을 그 애는 까맣게 모르고 있다. 조카딸이 소라고둥의 비밀을 알게 될 날까지는 다행스럽게도 아직 몇 년이 더 남아 있다.

"깊은 바다 속에 하도 오랫동안 잠겨 있었던 거라 여태 파도 소리가 들리는 거야."

조카의 동그란 눈이 호기심으로 반짝이는 것을 보며 나는 반다아체에서 만났던 이까와 그 애의 어린 동생들을 떠올렸다. 그들은 바로 저런 눈으로 나를 바라보았다. 내가 발견한 여행의 최대 가치는 휴양도, 지식의 습득도 아닌 기억의 수집이다. 향기로운 포도주처럼 시간이 갈수록 점점 더 진귀한 향을 뿜어내는 열대의 기억들.

"소중한 수영복을 잃게 됐으니 이제 나를 미워하겠군요."

슬픈 듯 중얼거리는 소녀의 말이 어처구니없으면서도 한편으로 너무나 옳게 들려서 나는 큰 소리로 깔깔 웃었다. 이까의 오토바이 뒤에 타고 반다아체 시내를 쏘다녔다. 탁한 색 강물이 유유히 흐르고 시내 어디서나 눈부신 백색의 성전이 멀리 바라다 보였다. 알라를 경배하는 처절한 절규 소리를 들으며 손에 든 차갑고 달콤한 아이스크림을 혀로 연신 핥아댔다. 시간과 공간의 날실과 씨실 사이에 걸려 그 한가운데에 선 내 연약한 의식이 얇은 천처럼 갈가리 찢기는 듯한 느낌을 받았지만 불쾌한 기분은 결코 아니었다. 사실, 나는 끝도 없는 블랙홀을 순식간에 통과하는 듯한 아찔한 그 느낌을 무엇보다도 좋아했다. 기억의 수집 이상으로 사랑했다. 낯선 시간과 공간을 오가며 현기증을 느끼는 몇 초의 순간이야말로 내가 알고 있는 극도의 쾌락과 사치의 정점이었다.

상냥한 이까와 함께 지낸 시간은 즐거웠다. 그 애를 고스란히 닮은 어린 꼬마가 준 번쩍거리는 소라고둥을 손에 쥔 채 반다아체에서 메단으로, 메단에서 다시 자카르타로 돌아왔다.

한가함을 만끽하는 발리의 고양이

6

용을 찾는 모험

귀여운 여인

나는 우붓의 강가에 세워진 빌라에서 한동안 머물렀다. 마을의 평화로움을 깨뜨리는 호객꾼들의 소리도, 자동차나 오토바이가 뿜어내는 검은 매연도 닿지 않는 깊숙한 곳이다.

"계속 이곳에 묵도록 해. 지금보다 방 값을 싸게 해줄게."

빌라의 안주인은 떠나려는 나를 붙잡고 간절한 목소리로 말했다. 전직 레공 댄서라는, 쉰 살이 조금 넘은 훤칠한 부인이다. 주름이 지기 시작했지만 곱상한 달걀형 얼굴에는 젊은 날 화려했던 미색의 그림자가 희미하게 남아 있었다. 보기 좋을 만큼 살집이 붙은 몸을 수수한 무늬의 실크 사롱으로 힘껏 졸라맸고 흰 머리가 섞인 숱 많은 검은 머리카락은 깔끔하게 바짝 빗어 하나로 틀어 올렸다. 부인은 화가인 남편보다 경제적인 감각에 있어서 훨씬 더 탁월한 재능을 지닌 듯 손님들과 빌라 임대료 흥정 및 수금을 모두 도맡아 했다. 낮에는 하녀와 며느리를 함께 부려 넓은 집 안팎의 일을 빈틈없이 돌보고 저녁이면 남편 뇨만과 마당 구석에 세워진 정자*bale. 발리 가옥 건축에서 빼놓을 수 없는 부분으로 마당 구석에 위치하는 가족 공동의 공간이다의 마룻바닥에 누워 직직거리는 구식 텔레비전을 열심히 시청했다. 내 모습만 보면 눈웃음을 치며 어느 틈에 바람처럼 다가와 이런저런 이야기를 걸어왔다.

"이 빌라는 정말 멋지지만 수영장이 없는 것이 유일한 흠이에요. 이제라도 수영장을 만들 생각은 없으세요?"

내가 무심코 말하자 부인은 눈을 빛내며 바싹 다가앉았다. 달착지근한 숨결이 귓가에 느껴졌다.

"안 그래도 수영장을 꼭 좀 만들고 싶은데, 문제는 그럴 돈이 없단 말이지. 혹시 우리 빌라에 돈을 투자할 생각은 없어? 수영장을 지을 돈만 투자한다면 평생 이 빌라에서 먹고 자도 돼."

"아, 그런 말은 농담이시겠죠?"

슬쩍 빠져나가려는 나를 향해 부인은 당장 손사래를 치며 정색을 했다. 이 수단 좋은 부부는 지금까지 이렇게 외국인들의 돈을 끌어들여 자기 집 부지 속에 호화로운 빌라를 하나 둘씩 건설해온 것이다.

"농담이 절대 아니야. 수영장 만들 돈만 투자하면 이 빌라에서 원하는 만큼 얼마든지 그냥 묵어도 돼. 하루 세 끼 식사도 우리가 다 요리해 줄게."

빌라의 건축에 자본을 댄 부유한 외국인들은 가끔 발리를 방문할 때마다 이곳에서 무료로 먹고 자겠지만 결국 그들의 발길은 시간이 갈

수록 뜸해지고야 말 것이다. 손님이 돌아간 후 영리하고 인내심 강한 현지인 부부의 손에 고스란히 남는 것은 자기 돈이라고는 한 푼도 들이지 않고 멋지게 완성한 빌라다. 외국인과의 합작 건축은 발리니즈들에게 대단히 수지맞는 비즈니스라고 할 만했다. 단층짜리 빌라가 두 채, 2층짜리 커다란 빌라가 한 채, 이렇게 도합 세 채의 빌라에 투숙객을 받아 벌어들이는 월수입이 상당하기 때문에 뇨만 부부는 현지인들 사이에서 상당한 부자 축에 들었다. 부인은 이제 수영장을 원하고 있었다. 유리로 된 빌라와 울창한 밀림 속을 흐르는 강 사이에 심플한 수영장이 들어서면 아주 근사할 것이다. 그녀는 내 대답을 기다리며 검은 눈을 빛냈다.

빌라의 훌륭한 시설을 고려할 때 부인이 제시한 숙박비가 상당히 싼 것이었음에도 불구하고 나는 결국 그곳을 떠나 예전에 몇 차례 묵은 적이 있는 민박집으로 향했다.

발리, 특히 중부의 우붓에는 홈스테이(home stay)라고 이름을 붙인 숙박 시설이 수없이 많다. 그러나 오늘날 우붓에 산재한 민박집의 대부분은 이름만 홈스테이일 뿐 그 규모나 운영자의 경영 마인드에 있어서 일반 로스멘과 조금도 다를 바가 없다. '모모 여관'이라고 하는 것보다 좀 더 운치 있게 들린다는 이유로 홈스테이라고 부를 뿐 민박집 특유의 인심이나 가정적 분위기가 느껴지는 곳은 극히 드물었다. 동남아시아 최대의 관광지인 발리, 그중에서도 우붓은 꾸따에 이어 외국인들이 가장 많이 찾는 곳이다.

내가 찾아간 곳은 숙박객을 받는 방이 단 두 개뿐인 작은 규모의 민박집이었다. 우붓 궁전에서 백 미터도 떨어져 있지 않았다. 나지막한 담장 너머로 우거진 나무들이 보이는 호젓한 골목 중간쯤에 있었다. 문 앞에 민박을 한다는 것을 알리는 조그만 간판이 걸려 있지 않다면 이 평범한 현지인의 거처를 외국인 상대의 숙박업소라고 생각할 사람은 아무도 없을 것이다. 그야말로 우붓 어디에서나 볼 수 있는 전형적인 가정집이었다. 발리니즈 스타일로 갈라진*좁게 갈라진 문은 발리 특유의 건축양식으로, 악(惡)은 직진밖에 못 한다고 믿기 때문에 갈라진 문 틈새에 벽을 설치해 악마가 집 안으로 들어오지 못하게 한다 좁다란 대문을 들어서면 벌거벗은 어린애들이 조잡한 장난감을 굴리며 뛰놀고 있는 어수선한 마당이 나왔다. 마당 구석 허름한 정자에 벌렁 누워서 텔레비전을 보며 배를 슬슬 긁고 있는 할아버지와 할머니, 빨랫감이나 그릇 따위를 주섬주섬 챙겨 들고 마당으로 나오는 부인네들과 애매한 눈인사를 하며 마당을 가로지른다. 몇 세대가 모여 사는 듯 비슷비슷한 주방과 방들이 계속 이어지다가 이윽고 강 쪽으로 내려가는 짧은 계단이 나타난다. 층계에서 내려서면 이곳에 마지막 살림집이 있었다. 여기가 바로 내가 찾아온 숙소였다.

여느 때와 다름없이 좁고 침침한 부엌에서 달그락거리며 부엌일을 하고 있던 아줌마는 갑자기 나타난 나의 모습에 깜짝 놀라 통통한 몸을 날려 용수철처럼 재빠르게 바깥으로 튀어나왔다. 그동안의 안부를 물으며 반가워하던 부인은 나를 방으로 안내한 뒤 연방 마실 것을 권했다.

"며칠 뒤로 예정된 제례를 위해서 과자를 만들던 중이었지."

한낮에 뜨거운 불 앞에서 요리를 해서인지 아줌마의 둥근 갈색 이마에는 땀이 배어나 있었다. 몇 번이나 사양했지만 그녀는 기어코 아

직 채 식지 않은 형광 색 과자 두 개를 내 손에 쥐어주었다. 발리의 제례 때마다 빠지지 않고 등장하는 전통 과자였다.

"아 참, 밥은? 밥은 먹었나?"

부인은 변한 것이 전혀 없었다. 나를 볼 때마다 하는 말을 또 묻는다. 이미 밥을 먹었다고 대답하자 그녀는 아쉬운 얼굴로 입맛을 다시더니 생각난 듯 다시 묻는다.

"그럼 커피 줄까? 홍차를 줄까? 아니면 시원한 물이라도 줄까?"

부인은 언제고 늘 똑같았다. 꿈에서 가끔 보는, 돌아가지 못할 유년 시절의 그리운 등장인물들처럼.

"여러분, 소개합니다. 이 귀여운 아주머니가 바로 와얀 부인(Ibu Wayan)*인도네시아어로 이부(Ibu)란 여성 2인칭의 존칭으로 부인 혹은 어머니란 뜻이다. 지난 십여 년 동안 제가 인도네시아에서 만난 사람들 중에서 가장 친절한, 상대적으로는 물론 절대적인 의미로도 친절한, 바로 그 보기 드문 인간입니다."

이부 외안

　보통 여행지에서 만나는 어떤 사람들이 친절한가를 평가하는 것은 그들이 불친절한가를 가려내는 것보다 훨씬 더 어렵다. 쉽게 눈에 띄는 친절이란 때로는 몇 푼의 돈 때문에, 혹은 영어 회화를 연습하기 위하여, 아니면 외국인에 대한 무조건적인 동경에서 파생된 비정상적인 행동이거나 표현인 경우가 많다. 물론, 백 살 넘은 노인들이 모여 사는 장수촌처럼 친절한 사람들이 유별나게 많이 사는 진귀한 동네도 존재하긴 하지만, 친절함을 인간 상호 간 배려의 표현이라고 정의할 때, 상대적으로 인간들의 접촉이 최소화되는 선진국에서는 친절과 불친절을 가려낼 만한 상황 자체가 드물게 된다. 따라서 혹자는 별 망설임 없이 이렇게 일반화하기를 거리끼지 않는다. "가난한 나라 사람들이 더 친절하다."라고.

　관광지에서, 게다가 인도네시아처럼 한 푼의 돈이 간절한 지역에서 순수한 친절을 가려내는 것은 더욱 어려운 일이다. 외국인들이 북적거리는 관광지에서의 친절이란 대부분 돈과 연결되며 상대방과의 관계에서 금전을 완전히 배제했을 경우에 어떤 결과가 올 것인가 자신 있게 예측하기란 불가능하다. 강 옆에 세워진 아름다운 빌라의 안주인의 경우, 내가 한 달 정도 묵어간다고 하면 사흘 묵는다고 했을 때보다 더욱 친절해질 것은 당연한 일이다. 그러나 그 한 달간의 숙박비를 심하게 깎으려고 들었을 때, 부인이 저도 모르게 얼굴을 찌푸리거나 목소리가 새침해진다고 해서 내가 과연 그녀를 불친절하다라고 잘라 말할 수 있을까. 그런 식으로 생각한다면, 숙박비를 넉넉하게 주었을 때 오뉴월 태양 아래 놓인 버터처럼 녹아내릴 부인의 태도에 대해서도 친절하다고 감히 말할 수는 없는 것이다.

　와얀 부인은 상대적인 의미에서는 물론이거니와 절대적인 친절함을 소유하고 있는 보기 드문 인간이다. 스스로 가진 것이 없으면서도 남이 가진 것에 관심이 없는 희귀한 사람이다. 친절을 행하면서도 그것을 의식조차 하지 못하는 무심한 얼굴은 마치 우연히 발길에 채인 자갈을 집어 들고 보니 반짝거리는 보석이었을 때처럼 내 가슴을 뛰게 했다.

　그녀는 동글동글한 눈과 코, 입을 가진 쉰 살가량의 여자다. 우붓 근처의 조그만 읍락에서 태어나 우붓으로 시집와서 지금껏 30년이 넘도록 살고 있었다. 과묵한 남편과의 사이에 4남매를 두었는데 두 딸은 출가하고 귀여운 열일곱 살짜리 처녀인 막내딸과 로큰롤 가수처럼 머리를 기른 아들이 각각 위층의 두 방을 쓴다. 아래층의 방 하나는 아줌마와 아저씨가 사용하고, 그 옆의 방에 내가 묵었다. 매일 메뉴가 바뀌는 아침 식사를 포함하여 일박에 삼천오백 원이다.

세심한 관찰을 거친 후 나는 와얀 부인이 진짜로 친절한 보기 드문 인간일지 모른다고 생각하게 되었다. 부인은 차례차례 나의 테스트를 통과해 냈다. 그녀는 돈에 별 관심이 없었고 내 물건을 달라고 조르는 법도 없었다. 나를 이용해 영어를 배우길 원하지도 않았고 자신의 집에 가능한 한 오래 묵으라고 은근히 강요하는 일도 없었다. 일일 관광 상품을 강매하거나 오토바이를 빌리라고 종용하지도 않았다. 탐욕스러움이 눈동자에 비치는 일이 한 번도 없다니, 관광 기지인 우붓에서 이것은 아주 늙고 부유한 현지인에게조차 드문 일이었다.

나와 아줌마는 다정한 이웃처럼 사이좋게 지냈다. 나중에 하루에 삼천오백 원씩 숙박비를 계산할 거라는 사실을 빼면 이렇게 무조건적으로 우호적인 관계가 지구상에 다시 있을까 하는 생각마저 들었다. 우리는 서로가 굉장히 예의 바른 것에 몇 번이나 감탄하곤 했는데, 예를 들자면 뭐 하나를 주고받거나 사소한 호의를 베풀 때마다 "트리마까씨(고마워요)", "트리마까씨 반약반약(정말 정말 고마워요)", "띠닥 아빠 아빠(괜찮아)", "끔발리(천만에)", "사마사마(마찬가지야)" 등을 연발하는 것 말이다. 과일이 먹고 싶다며 내가 푼돈을 조금 내밀자 돈을 받기를 극구 사양한 아주머니는 부엌으로 달려가 이내 접시 가득 얼음처럼 차가운 열대 과일을 담아 내왔다. 외국인이라면 늘 고급스러운 식당에 가서 식사를 한다고 굳게 믿어온 부인은 내가 먹는 행위 자체에 별로 관심이 없다는 것을 결국 알아차렸다.

"그렇다면 매끼 밖에 나가서 돈 낭비하지 말고 집에서 먹어, 집에서."

부인은 내 손을 잡고 작고 침침한 부엌으로 데리고 갔다. 발리식 식사는 삼시 세 끼 온 가족이 모여 먹는 것이 아니라 주부가 부엌에 밥과 반찬을 마련해두면 각자 배고플 때 가서 떠먹는 방식으로 이루어진다.

"한국의 부엌에 비하면 너무 초라하지?"

와얀 부인이 모기장 비슷한 커버를 벗기니 반찬을 담아놓은 이 빠진 작은 그릇 몇 개가 나타났다. 그래서 나는 그날부터 매 끼니 민박집에서 밥을 먹게 되었다. 쌀이나 야채를 사라고 돈을 건네니 아줌마는 펄쩍 뛰며 휘휘 손을 저었다.

"절대로 받을 수 없어. 어차피 다 집에 있는 음식인데 돈은 무슨 돈."

돈 대신 줄 만한 것을 찾다가 결국 가방을 뒤져 파나마에서 산 티셔츠를 한 장 꺼내 부인에게 선사했다. 그녀는 매우 기뻐했다.

"나는 너무 뚱뚱해서 입지 못하니 내 딸애에게 줄게."

부인에게 소용이 될 무슨 좋은 것을 가지고 있었으면 좋으련만. 가방 안팎을 뒤져봐도 딸아이에게나 어울릴 법한 옷가지나 책 몇 권 뿐 부인에게 선사할 만한 것은 눈에 띄지 않았다. 구겨진 지폐 몇 장이 자꾸 손에 잡혔지만 어림없는 일이었다. 가게에 가서 과자와 초콜릿을 사다 줬지만 인심 좋은 부인은 남의 집 아이들과 노인들에게 모두 나누어 주고 정작 본인은 거의 먹지 않았다.

어느 날 저녁 부인이 보이지 않더니 이튿날 아침, 그녀는 거의 초주검이 된 상태로 내가 먹을 아침 식사를 들고 방 앞에 나타났다.

"어젯밤 내내 죽도록 앓았어. 몸살인가 봐. 추웠다 뜨거웠다 벌벌 떨었어."

두꺼운 잠바를 껴입은 아줌마는 안색이 창백했다. 마침 아저씨도 집을 비운 참이었다. 열대기후인 발리의 가옥에는 난방장치란 것이 아예 없었다.

"약은 먹었어요?"

"아직 안 먹었어. 어제보다 좀 괜찮아졌으니 좀 더 견디면 이러다 낫겠지."

방 안에서 서성이던 나는 어느 순간 지갑을 들고 바깥으로 튀어 나갔다. 근처의 어느 슈퍼마켓 2층에 간이 약국이 있다는 것이 머리에 떠올랐다. 어슬렁거리며 출발했지만 좁은 골목을 걷다 보니 결국 뛰기 시작했다. 발리에 온 이후 이렇게 달려본 것은 처음이었다. 발리에 오기 전에도 마찬가지였다. 서울의 친구들은 지금 이 광경을 믿지 못할 것이다. 땀을 흘리는 일이라면 체육관이나 수영장, 아니면 바다 속에서만 하기로 결심한 내가, 아는 것이라곤 얼굴과 이름─어차피 발리인의 이름은 네 개뿐이다!─뿐인 중년 여인을 위해서 심장이 다 아프도록 뛰고 있다니.

"대체 무슨 일이에요?"

약을 쥐고 허겁지겁 돌아오는 나를 보고 민박집과 맞닿아 있는 다세대 주택의 주부가 뛰어나왔다.

"아줌마가 아파요."

방문을 여니 어두운 방구석에 놓인 큰 침대 위에 얇은 이불 한 장 뒤집어 쓴 조그만 몸집의 와얀 부인이 쪼그리고 누워 있었다. 내가 사 온 약을 건네주니 고맙다는 말과 함께 감지덕지 꿀꺽이며 삼킨다.

"이따가 점심을 먹고 한 알 더 드세요."

나는 숨이 찬 나머지 헐떡거리며 말했다. 내가 달리지 않는다는 것을 아는 사람이라면 방금 전 그 모습을 보고 놀랐을 것이다. 사실, 나 자신도 좀 놀란 상태였다. 나는 고등학교 마지막 체육 시간을 끝으로 지금껏 어지간해서는, 정말로 웬만해서는 결코, 어떤 경우에도 달리는 것을 거부해왔기 때문이다. '착하게 살자'거나 '즐겁게 살자'라는 사람들의 결심처럼 나는 '달리지 말고 살자'라고 굳게 맹세했었다. 의지에 반하는 삶은 고등학교 졸업으로 영원히 막을 내리길 바랐다. 꺼져가는 푸른 신호등의 횡단보도를 향해 전력질주하는 일은 그만두기로 했다. 쓸데없는 야망이나 비정상적인 의지가 내가 누리기를 원하는 삶의 방식을 바꾸는 것이 아닐까 두려웠다. 그런 내가 이 조그만 중년 여자를 위해 심장이 아프도록 뛰다니. 그것은 좋은 일일까, 나쁜 일일까.

와얀 부인은 그날 오후가 되자 상태가 한결 나아져 예전처럼 나와 잡담할 수 있었다.

우붓의 제례 풍경

코모도 섬으로 가는 노파

지금쯤 눈치 챈 사람도 있겠지만, 주어진 시간 동안 나는 끝내 코모도 섬에 가지 않았다. 기회는 몸소 나를 설득하기라도 하려는 것처럼 여러 번 모습을 바꿔가며 끈질기게 찾아왔다. 빠당바이 동네 한복판에 "롬복의 렘바르(Lembar)까지 겨우 한 시간!"이라고 간판을 내건 빠당바이 익스프레스*Padangbai Express, 급행 보트 회사의 사무실이 있었고 각 여행사와 다이브 숍, 식당 앞에 세워둔 칠판에는 롬복과 비마로 매일 출발하는 값싼 셔틀버스의 시간표와 가격이 상세하게 나열되어 있었다. 배표를 원하지 않느냐고 물으면서 인내심 강한 호객꾼들이 내 뒤를 졸졸 따라오기도 했다. 작은 동네 어디를 가나 커다란 배낭을 등에 멘 외국인들이 항구에 정박된 하얀 페리를 향하여 천천히 걷는 모습이 눈에 띄었다. 롬복으로! 누사뜽가라를 향하여! 드래곤을 찾아서! 남들의 귀에는 들리지 않는 마술의 피리 소리에 홀려 행진하는 것처럼.

나는 빠당바이 마을 묘지 뒤에 지어진 작은 로스멘에서 오래 머물렀다. 공동묘지가 한눈에 내려다보이는 2층 방이었다. 마른 풀과 색색의 꽃들이 우거진 벌판에 하얀 염소와 노란 소들이 한가롭게 풀을 뜯으며 거닐고 있었다. 방 한가운데 놓인 하얀 침대 위에 길게 드러누웠다. 테라스와 연결된 커다란 유리문을 통해 새하얀 구름이 두둥실 뜬 파란 하늘이 보였다. 멀고 먼 바다로부터 날아온 차갑고 메마른 바람이 자연의 심호흡인양 끊임없이 방 안으로 불어들었다. 시체처럼 반듯하게 두 손을 배 위에 모으고 누운 나는 숨을 들이쉬었다가 다시 천천히 내쉬었고, 머리 위 천장에서 커다란 선풍기가 희미하게 삐걱거리는 소리를 내며 빙글빙글 돌아갔다.

먼 곳에 놓인 그 섬에 대해 완전히 잊을 수는 없었다. 잊을 만하면 동네 끝 자락에 세워진 항구에서 롬복으로 떠나는 거대한 페리의 고동 소리가 들려왔다. 그때마다 잠깐씩 하던 일을 멈추고 구슬픈 소리에 가만히 귀를 기울였다. 부우 부우. 기다란 기적 소리는 몇 시간마다 한 번씩 규칙적으로, 가끔은 한밤중이나 새벽에 깊이 잠든 나를 깨워 어둠 속에 일으켜 세웠다.

눈을 뜰 때마다 방 안은 매우 어두웠다. 유리창 너머로 하얀 달빛이 엷은 베일처럼 드리워 있었다. 유리문을 열고 테라스로 나갔다. 잠으로 노곤해진 몸 깊숙한 곳이 차가운 바닷바람에 떨리기 시작했다. 옷을 입어도 떨림은 멎지 않았다. 마을의 불은 모두 꺼지고 하늘에 뜬 하얀 별 몇 개를 제외하면 온통 어둠뿐이었다. 거대한 산 그림자와 먼 벌판처럼 끝없이 펼쳐진 검은 바다. 그리고 저 멀리, 항구에 켜진 붉은 불빛이 몇 개 보였다. 페리는 그곳에서 끈덕지게 사람들을 기다리고 있었다. 부우, 하고 마치 몸집이 커다랗고 유순한 짐승이 슬피 우는 것처럼 계속해서 나를 불렀다. 저 배를 타면 롬복의 렘바르로, 그곳에서 다시 숨바와로, 그리고 비마에서 보트를 타면 드디어 최종 목적지인 코모도 섬에 닿게 된다.

  용이 사는 섬으로 갈 마지막 기회는 내가 우붓을 떠나기 하루 전날 찾아왔다. 나는 와얀 부인과 함께 방 앞 테라스에 앉아 며칠 뒤 있을 제례에 쓸 전통 과자를 작은 비닐 봉투에 하나씩 담는 중이었다. 뜨거운 기름으로 바짝 튀겨 낸 갈색 과자는 거미줄을 뭉친 듯 아주 가느다랗고 얇은 층으로 겹겹이 이루어져 있어 손가락 끝으로 살짝 잡지 않으면 금세 산산이 부서져버렸다. 과자가 부스러질 때마다 나는 혀를 찼지만 옆에 앉은 아줌마는 어린애처럼 맑은 웃음을 터뜨렸다. 주변이 점차 어두워지고 강가에 반딧불이 하나씩 보이기 시작했다.
  "먹으면서, 먹으면서 쉬엄쉬엄 천천히 해."
  그녀는 거듭해서 이렇게 말했다. 발리 가정주부의 노동은 끝이 없는 것이라, 방 몇 개와 집 안팎을 이리저리 쓸고 닦고, 온 가족을 위해 산더미처럼 쌓인 빨래를 하고, 매끼 먹을 반찬을 만들고, 그리고 남는 자투리 시간이면 곧 다가올 제례를 위해서 이렇게 각종 음식을 마련하는 일로 하루 종일 분주했다. 아줌마는 날이 채 밝기도 전에 일어나서 좁은 부엌과 마당, 몇 개의 방과 뒤뜰을 팽이처럼 바쁘게 누비다가 깊은 밤이면 그제야 지친 몸을 잠자리에 뉘었다.

어두워진 지 얼마나 지났을까. 불쑥 마당 안으로 들어선 낯선 사람의 모습에 나와 부인은 거의 동시에 몸을 일으켰다. 새까만 옷을 입고 얼굴에는 주름이 가득한 늙은 외국인 여자가 우리 앞에 서 있었다. 여행지에서는 보기 드문 아주 늙은 노파였다. 바짝 마른 몸에 커다란 매부리코, 숱이 적은 백발을 어깨까지 길게 늘어뜨리고 동화에 나오는 마녀나 마법사가 두르는 검은 망토처럼 기다란 웃옷을 구부정한 어깨에 걸치고 있었다. 어느 나라 사람인지 국적을 가늠하기 힘들었다. 놀란 나와 아줌마는 서로 얼굴을 마주 보았다.

"아아, 사실 나는 내일 롬복으로 떠날 예정이라오."

날카로운 초록 눈을 반짝이며 노파는 낯선 억양의 영어로 말했다.

"롬복과 그 인근의 섬들을 한 달 정도 여행할 계획이지. 그 후 다시 우붓으로 돌아올 텐데, 그때 일주일쯤 묵을 방을 지금 찾고 있는 중이오."

나는 와얀 부인에게 방금 외국인이 한 말을 인도네시아어로 설명해 주었다. 그리고 노파를 향해 재빨리 말했다.

"아, 그렇다면 이 이상 가는 곳은 없을 거예요. 여긴 정말 좋은 곳이니까요."

노파는 의심스러운 얼굴로 나를 힐끔 보더니 반쯤 열린 문틈으로 내가 묵고 있는 방을 슬쩍 들여다보았다. 마당은 이미 해가 져서 어둑어둑했지만 깨끗한 침대보가 씌워진 침대가 놓여 있는 방 안은 스탠드의 불빛 때문에 환했다.

"당신도 여행하는 중인가?"

내 대답을 듣기도 전에 노파는 이내 고개를 설레설레 저으며 못마

땅한 얼굴로 혼잣말을 했다.

"그럴 리가 없지. 인도네시아 말을 하는 것을 보니 여행객은 아니겠고, 아마도 발리에서 사는 외국인인가 보군."

"아니에요. 저도 여행자예요."

내가 한국인이라고 말하자 노파는 처음으로 빙긋 웃었다.

"일전에, 그러니까 꽤 오래전인데, 내가 인디아를 여행할 때 한국 여자들을 만난 적이 있었지. 마더 테레사의 집에서 만나서 며칠간 함께 지냈어."

"누구나 거기서 함께 지내지요. 거긴 거의 백악관만큼이나 인기 있는 견학 코스니까요."

그녀는 프랑스 사람이라고 했다.

"프랑스인치고는 영어가 상당히 유창하시군요."

"그야 나의 세 번째 남편이 영국인이었으니까."

"네 번째 남편은 지금 어디 계세요?"

"아, 남편은 집에 잘 있지. 몸을 움직이는 것을 싫어해서 같이 오지 않은 것뿐이야."

와얀 부인은 이방인들 사이에 오고 가는 대화의 내용이 궁금한지 눈을 둥그렇게 뜨고 내 얼굴을 바라보고 있었다. 일주일치 숙박비면 부인에게 꽤 짭짤한 수입이 될 것이다. 이 민박집은 좋은 위치 덕에 별다른 홍보 없이도 손님이 간혹 드는 편이었지만 내가 머무는 동안에는 두 개의 방 중 하나가 계속 비어 있었다.

"둘러보면 아시겠지만, 여긴 정말로 좋은 숙소예요."

내가 말했다.

"이 집은 보다시피 삐끼도 없고 호객 행위를 일체 하지 않아요. 아주 가족적인 곳이지요. 방은 단 두 개뿐이지만 널찍하고 아주 깨끗해요. 전 이제 곧 여길 떠날 테니 방이 하나 더 비게 되요. 롬복 여행을 마치고 우붓으로 돌아오면 꼭 이 집에 묵으세요. 낮에 와서 보면 방 바로 앞에 푸른 잎이 우거진 대나무 정원도 있고요. 창문도 한 개 더 있어서 볕이 많이 들어 아주 밝고 환하지요."

내 말을 못 들은 척 노파는 잠시 두리번거리더니 강 쪽으로 통하는 좁은 계단을 살펴보았다. 강에서 너무 가까우니 모기나 날벌레들이 많겠는걸 하고 그녀는 혼잣말처럼 중얼거렸다.

"아침 식사도 아주 푸짐해요. 과일도 이것저것 많이 나오고 매일처럼 메뉴가 바뀌지요."

프랑스인은 여전히 별 반응이 없었다.

"게다가 이 집의 부인은 정말 친절하고 좋은 사람이에요."

걱정스런 표정으로 눈만 깜박거리는 와얀 아줌마를 돌아보며 내가 정답게 덧붙였다.

"아, 그거야 물론 그렇지."

초록 눈의 노파는 주위를 둘러보며 비웃듯 대답했다.

"다들 친절하지. 발리인들은 모두 아주 상냥하고 좋은 사람들이야."

"아니요. 모두 다 그런 것은 아니에요."

내가 말했다.

"친절한 사람이 있지만 그렇지 않은 사람도 얼마든지 있어요. 문제가 되는 것은 그 조합의 비율일 뿐 나쁜 사람은 이 섬에도 얼마든지 있다구요. 세상의 나머지 지역과 똑같아요. 하지만 지금 내 옆에 있는 이 부인으로 말하자면 정말로 친절한 사람이에요. 돈 몇 푼을 위해서 그런 척 하는 게 아니라 원래 그처럼 선량한 사람이라고요. 아마 태어날 때부터 그랬겠지요. 나는 이 집에 여러 차례에 걸쳐 오랫동안 머물렀어요. 그래서 그 정도는 분명히 알 수 있어요."

노파는 그제야 내 얼굴을 똑바로 바라보았다. 얼굴을 마주 보고 있자니 그녀가 놀랄 만큼 나이가 많은 인간이라는 사실을 깨닫지 않을 수 없었다. 이렇게 늙은 노인과 마지막으로 대화를 해본 것이 언제였더라. 희고 주름진 얼굴 전체에서 조금이라도 색깔이 있는 것은 반투명한 초록빛 홍채뿐이었다. 헐렁한 셔츠 아래 보이는 두 팔은 마른 나뭇가지처럼 여위고 뻣뻣해 보였다. 최소한 여든 살은 넘었을 것이다. 저렇게 나이 든 노인이 혼자서 롬복에 간다니, 매우 용감하거나 아니면 무모한 사람이리라.

"하여튼 이 민박집은 정말 좋은 곳이에요. 지금까지 내가 우붓에서 발견한, 아니 이 섬 전체를 통틀어 가장 훌륭한 숙소라고요."

날카로운 초록 눈의 노파는 계속 떠들어대는 나를, 그리고 내 뒤에 숨듯이 서 있는 작달막한 부인을 번갈아 보았다.

"아아."

그녀는 한숨인지 감탄사인지 모를 가냘픈 소리를 냈다.

"이제 보니,"

신기하다는 표정으로 노파가 말했다.

"이제 보니, 당신들은 서로 친구였군 그래."

남자처럼 선이 굵고 완고한 얼굴에 미소처럼 환한 것이 잠깐 스치고 지나갔다.

"그러니까 내 말은, 진짜 친구 말이야."

"친구든 뭐든 상관없어요. 나는 이곳이 정말로 좋은 숙소니까 좋다고 사실대로 말하고 있을 뿐이에요."

프랑스 노파는 미소 띤 얼굴로 오랫동안 내 얼굴을 들여다보았다. 이윽고 그녀는 영어를 알아듣지 못하는 와얀 부인을 향해서 짐짓 큰 소리로 말했다.

"확실히 이곳은 괜찮은 민박집처럼 보이는데. 깨끗하고 무엇보다도 아주 심플해서 좋아. 전통적인 우붓의 옛 민박집이 그런 것처럼. 나는 그렇게 심플한 것을 좋아하는데, 요즘은 오히려 찾아보기 힘들어졌지. 사람들은 시간이 갈수록 오히려 바보가 되어버리는 것일까?"

노파는 다시 나를 향해 물었다.

"발리에서 오래 머물렀다면, 지금껏 롬복에 가본 적이 있나?"

"그럼요."

"숨바와나 숨바 섬에는?"

"거긴 못 가봤어요."

"그렇다면 코모도 섬에도 가본 적이 없겠군."

"……없어요."

아직은, 하고 내가 덧붙였다. 사실 나는 코모도 섬에 가기 위해 발리로 왔다고 말할까 했지만 어쩐지 좀 부끄러웠다. 노파는 계속해서 말했다.

"나는 내일 롬복으로 가서 코모도에 갈 계획이야. 그게 이번 내 여행의 주된 목적이지. 비마에서 보트를 빌리려면 일행이 좀 필요한데, 혹시 나와 함께 비마로 가서 코모도 섬을 여행할 생각은 없나?"

나와 함께 코모도 섬에 갈 생각은 없는가……?

노파가 물었다.

용이 보고 싶지 않아……?

"롬복에, 코모도 섬에 갈 생각은 정말 없는 거야?"

노파는 다시 재촉하듯 물었다.

"물론 너와 같은 젊은이들은 나처럼 늙은 노인과 여행하는 것을 끔찍하게 싫어한다는 걸 잘 알고 있지. 하지만 일행이 있으면 여러모로 유리할 텐데. 자, 어때? 코모도 섬으로 갈 생각은 없는가?"

마지막 기회는 낯선 노파의 입을 빌어 내게 말을 걸었다. 나는 알아듣기 쉬운 단절적인 억양의 영어에서 프랑스식 콧소리를 어떻게든 찾아보려고 애쓰던 참이었다.

"……미안해요."

나는 고개를 저었다. 노파는 내 대답을 미리 알고 있었던 듯 별로 아쉬운 표정도 없이 빙그레 웃었다. 친절한 미소에 나도 모르게 변명이 튀어나왔다.

"사실 전 지금까지 여러 번 시도했어요. 매번 코모도로 가야지 하고 생각했지요. 그렇게 결심하고 발리로 오면, 저는 늘 이 섬에서 무기력한 식물처럼 빈둥대다가 시간을 다 보내고 말아요. 여긴 너무나도 아름답고, 코모도는 지구 반대편처럼 아득히 멀게만 느껴져요. 원래 게으른 편이긴 하지만 이 정도는 아니었는데, 어쩌면 코모도 섬에는 영영 못 가고 말지도 모르겠어요. 용을 보고 싶지만, 내심 그러고 싶지 않은 마음도 있는 겁니다. 환상과 현실이 겹쳐지면 어떻게 될까요. 목적지가 사라져버리는 것이 두려운 겁니다. 버스에서 영원히 내리고 싶지 않은 사람처럼. 비겁하게 들리겠지요. 하지만 제 말, 무슨 뜻인지 아시겠어요?"

프랑스인은 소리 없이 웃었다.

"목적지가 사라지면 다른 목적지를 찾으면 되지."

그녀는 나를 사랑하는 할머니처럼 인자하게 말했다.

"거기가 어디든 너는 갈 수 있을 거야. 아직 젊으니까. 내 생각에 너는 아마 코모도 섬 아니라 저 멀리 이리안자야나 동티모르까지도 갈 수 있을 거야. 술라웨시에서 따나또라자의 풍장(風葬) 같은 비경도 볼 수 있겠지. 그보다 훨씬 더 먼 곳이라고 해도 너는 문제없이 갈 수 있을 거야. 서두를 필요는 전혀 없어. 그건 과업도 아니고 뭣도 아니니까. 여행은 의무나 목적이 아니고 오로지 즐거움이야. 집에서는 미처 모르던 것을 길에서 찾는 일이지. 너무 조급해하지만 않는다면, 시간만 넉넉히 둔다면, 너는 어디든지 갈 수 있을 거야. 원한다면 세상 끝까지라도. 하지만 나는 좀 달라. 고백하긴 싫지만 난 이제 늙었어. 나

따나또라자 중부 술라웨시 섬의 산속에 숨어 사는 또라자 족은 1905년에 네덜란드인들이 도착할 때까지 외부의 간섭을 전혀 받지 않고 살아왔다. 이들은 오랜 고립 생활로 인하여 그들만의 독특한 신앙과 관습을 발전시켜왔는데, 그 대부분이 사자(死者)과 관련된 것들이다. 지금은 일부 주민이 이슬람교나 기독교로 개종했지만 또라자 족 대부분은 조상 전래의 장례 의식을 준수하면서 조상숭배 사상을 간직하고 있다. 장례식은 문자 그대로 전 재산을 들여 성대하게 치른다. 유가족들은 고인을 내세에 보내기 위해 가진 것을 모두 털어 한 달 동안이나 떠들썩한 잔치를 벌인다. 사자의 승천을 돕기 위해 시신은 사다리를 타고서야 오를 수 있는 깎아지른 절벽에 안장된다.

이가 많으니 너보다는 걸음을 서둘러야 해. 그래서 내일 아침 롬복으로 떠나려는 거야."

"행운을 빌어요."

"발리로 돌아오면, 그래서 다시 우붓으로 오게 되면 이 집에서 묵도록 하지. 네 말대로 여긴 꽤 좋은 민박집처럼 보이니까."

그 말을 남기고 노파는 떠나버렸다. 나타날 때처럼 홀연히 사라졌기 때문에 뒷모습을 본 기억이 전혀 나지 않을 정도였다.

"말이 좀 많고 까다로워 보이기는 하지만, 나름대로 괜찮은 사람 같아요."

와얀 부인과 나는 남은 과자들을 마저 비닐봉지 속에 집어넣는 일을 다시 시작했다. 작업을 마친 후 나는 아줌마가 차려주는 쌀밥과 땅콩, 생선조림과 닭고기를 배불리 먹었다.

이 섬에서의 마지막 잠을 청했다. 방 앞으로 흐르는 폭이 좁은 강가에서 풀벌레가 간간이 울고, 차가운 밤공기가 푸른 바틱 커튼이 달린 창문 틈을 통해 방 안으로 안개처럼 스며들었다. 열린 욕실 문틈으로 샤워할 때 사용한 비누의 청결한 냄새가 희미하게 풍겨났다. 새하얀 침대 시트, 깨끗하게 세탁한 목욕 타월에서 엄마의 부드러운 품속을 연상시키는 평화로운 냄새가 풍겼다. 잠이 들기까지는 시간이 좀 걸렸다. 지금까지 여기서 지낸 낱낱의 밤들과 똑같은, 너무나 똑같아서 마치 수십 년째 거실 벽에 걸려 있는 풍경화 속으로 들어와 있는 듯 지극히 비현실적인 고요한 밤이었다.

에필로그

다음날 나는 발리를 떠났다.

수카와티 시장에서 마음에 드는 코튼 담요를 발견하고 몇 장을 구입했는데 아주 싸고 예쁜 대신 부피가 상당히 나가는 물건들이라 트렁크가 제대로 닫히지 않아 한동안 애를 먹었다. 궁둥이로 가방을 힘껏 깔고 앉아 어떻게든 닫아보려고 필사적으로 애를 쓰는데 와얀 부인이 살그머니 문을 열고 방으로 들어왔다.

"선물이니 받아. 별것 아니지만 좋아하는 것 같기에."

그녀는 비닐봉지에 든 발리산 홍차 두 상자를 내밀었다. 독약처럼 쓰고 검은 걸쭉한 발리니즈 커피 — 가루에 물을 부은 후 한참을 기다려 가라앉힌 후 먹는다 — 보다는 항상 홍차를 선호하는 나의 취향을 그녀는 이미 잘 알고 있었다. 이 집에서 머무는 동안 아침 식사 때마다 나는 테이블 위 커피가 가득 들어 있는 통에는 손을 대지 않고 연신 홍차만 홀짝거렸던 것이다.

"커피는? 발리 커피는 정말 필요 없겠어? 확실해?"

부인은 걱정스러운 얼굴로 몇 번이나 되풀이해서 물었다. 나에게 선물하기 위해 일부러 상점에 가서 구입한 티백 홍차와는 달리 커피는 그녀의 집에 언제나 풍부하게 있는 몇 안 되는 물건이었다. 밀가루처럼 곱게 간 짙은 초콜릿 빛깔의 커피는 발리니즈 가정에서 쌀과 설탕 다음으로 구비해두는 가장 기본적인 생필품으로, 부인의 어둡고 조그만 부엌 어디쯤에도 이방인에게 나누어 줄 정도의 커피가 넉넉하게 간직되어 있는 것이다.

"이건 집에 가는 길에 먹도록 해요."

부인은 수줍은 듯 등 뒤에 숨기고 있던 묵직한 꾸러미를 내밀었다. 비닐봉지를 열어보니 뜨끈뜨끈한 찐 옥수수 세 개와 삶은 계란 서너 개, 소금 약간, 그리고 귤이 열 개쯤 담겨 있었다. 너무 많다고 내가 극구 사양했지만 부인은 막무가내였다.

"한국의 집까지는 여덟 시간이나 비행기를 타고 가야 한다니 배가 많이 고플 거 아니야?"

"하지만 공항에도 식당이 있는걸요."

"아, 그래? 공항에 식당이 다 있어?"

그녀는 경이로운 사실을 알게 된 사람처럼 눈을 휘둥그렇게 뜨며 손뼉을 쳤다.

"예. 그리고 비행기를 타면 끼니때마다 밥도 줍니다."

일주일치의 숙박비에 합쳐서 약간의 루피아를 더 내밀자 부인은 극구 숙박비 이외의 돈은 받지 않으려고 했다. 지금껏 이 집에서 내가 먹어치운 음식에 식당에서 받는 가격을 물린다면 이보다 열 배는 더 내야 하리라.

"제발 받으세요. 서울로 돌아가면 인도네시아 돈은 아무런 쓸모가 없는걸요."

차액을 다시 돌려주려는 부인을 단념시키기 위해서 나는 정색을 하고 눈을 크게 부릅뜬 채 이렇게 연거푸 세 번을 말해야 했다.

이제 떠나야 할 시간이다. 부인이 내 짐 중에서 제일 무거운 가방 하나를 번쩍 집어 들었을 때, 나는 계속되는 호의를 매번 만류하는 일에 완전히 지쳐 있었다. 키가 작은 부인은 자기 몸의 반만 한 짐을 들고 집 근처의 버스 정류장까지 나를 따라 나왔다. 어제와 똑같이 맑은 햇살에 어디선가 지저귀는 새소리가 들렸다. 발리의 전형적인 여름날 오후였다.

"잘 가."

아줌마는 난처한 얼굴로 이렇게 말했다. 검고 커다란 눈에 시종일관 부드러운 미소를 띤 둥근 얼굴의 이 중년 여인은 자세히 들여다보면 볼수록 어딘지 나와 같은 세상을 살고 있는 사람처럼 보이지 않는 구석이 있었다. 사실 그녀는 내가 사는 세상에 함께 살고 있지 않았다. 와얀 부인이 속해 있는 외딴 세계의 단순하고 소박한 아름다움, 매캐한 튀김 기름 냄새와 그윽한 프란지파니 향기가 한데 섞여 있는 기묘한 그곳에 대해서 잠깐 생각해보았다. 나는 두 손에 들고 있던 무거운 짐 꾸러미를 땅에 내려놓고 땀 냄새가 희미하게 풍기는 부인을, 어린 애처럼 따뜻하고 통통한 그 몸을 껴안았다. 두 팔에 느껴지는 인간의 단단한 실체감이 새삼 놀랍기만 했다. 내가 거의 울고 싶어질 지경에 이르렀다는 것을 부인은 전혀 알지 못했다.

"코모도까지는 갈 필요도 없었어요."

내가 말하자 부인은 커다란 눈을 끔벅거렸다.

"부인이 바로 제가 찾던 환상이라는 말입니다. 모르시겠어요?"

와얀 부인은 내 서툰 인도네시아어를 이해하지 못하는 것 같았다. 오래전 어느 맑은 여름날 우연히 민박집을 발견하고 마당으로 처음 들어선 나를 향해 웃던 것처럼 그냥 빙그레 웃을 뿐이었다. 미소는 그녀가 이 세상과 소통하는 가장 큰 수단이었다. 내 말을 알아듣지 못할 때마다 부인은 지금처럼 너그럽게 웃었다. 내 말을 알아들었을 때, 그녀는 더 크게 방긋 웃었다.

"내년에 꼭 다시 와. 기다리고 있을 테니."

부인은 선선히 말했다. 사람들은 용을 일컬어 이 세상에 없는 상상 속의 동물이라고 말한다. 용의 존재를 믿지 않는 것은 모두들 단 한 번도 그 동물을 본 적이 없기 때문이다. 세상에 없는 것이라고, 세상 어느 구석진 곳을 찾아가면 혹시 있을지도 모르지만 흔히들 없다고 믿으면서 살아가는 것이다. 그것은 중국인 루쉰의 말대로 희망과도 같다. 희망이란 본래 있다고도 할 수 없고 없다고도 할 수 없는 것이다. 그것은 바로 땅 위의 길과 같아서, 사실 땅 위에는 애초 길이 없으나 걸어가는 사람들이 생기면 곧 길이 되는 것이다.

눈에 보이지 않는다고 해서 아예 없는 것은 아니라는, 간단하지만 논리적인 그 명제를 나는 구세주의 오랜 약속처럼 믿고 싶었다. 그 믿음을 틈틈이 증명할 수 있다면 근사할 것이다. 지금까지 본 적이 없는 멋진 무엇인가를 한 번쯤 직접 찾아낼 수 있다면.

"전에 어떤 프랑스 할머니가 쓴 책에서 읽은 내용인데 말이야."

현명한 친구 한 명이 인생에 대한 이야기를 들려주었다.

"인간은 나이가 들면서 갈망하는 것이 달라진다고 하더라. 어린 시절 가장 원하는 것은 대개 보석 반지나 모피, 멋진 집이나 스포츠카와 같은 물질이라는 거야. 그러다가 나이가 좀 더 들면 물질욕이 차지하던 자리를 지식에 대한 욕구가 대신 메우게 된다는 거지. 시간이 더 지나고, 이제 늙어버린 사람이 바라게 되는 것은 물질이나 지식이 아니라 나를 좋아하는 단 한 명의 인간 존재에 대한 갈망이라고 했어. 이 이야기에 대해 어떻게 생각하지?"

"비교적 맞는 말 같긴 해. 하지만 아직 그 나이가 되지 않았기 때문에 마지막 것에 대해서는 뭐라고 말을 해야 좋을지 잘 모르겠다."

물질이나 지식에 대한 욕구, 인간 존재에 대한 갈망이 생겨나기 전에 이와 다른 것이 하나 더 있었던 것 같다. 그것이 바로 내가 최초로 갖게 된 욕망이 아니었는지. 그런 것은 눈에 보이지 않을 만큼 아주 조그맣고 가냘픈 풀씨로, 공기의 결을 타고 이리저리 날아다니다가 적당한 토양을 가진 사람을 발견하면 잽싸게 내려앉아 용케 싹을 틔우는 것 같다. 고향에 대한 향수보다 멀고 낯선 곳을 향한 열망이 더 강렬하던 시절, 동서남북이 어디인지 가늠할 수 없는 그곳에서 매일 아침 새로운 눈을 뜨기를 바라던 어린 시절이 아직 끝나지 않은 것 같다. 짤막한 유년기는 진작 지나갔고 내가 어른이 된 지도 아주 오랜 시간이 흘렀음에도 불구하고.

험난한 난파 끝에 황금이 깔린 이상향 엘도라도에 다다르거나 짙푸른 밀림 한가운데에서 상아로 가득 찬 거대한 코끼리 무덤을 발견한다면 근사할 것이다. 드래곤이라면 더할 나위가 없다. 그렇게 보기 드문 것은 아주 멀고 험난한 곳에 숨겨져 있지 않을까. 거대하고 흉폭한 드래곤을 찾아 조그만 보트를 타고 출렁거리는 바다를 가로질러 누사뚱가라의 작은 섬까지 간다면 분명 굉장한 모험이 될 것이다. 섬에서 어슬렁거리면서 제물로 바쳐진 피 묻은 염소 대가리를 난폭하게 물어뜯고 있는 거대한 동물을 발견한다면, 길이 3미터 반에 몸무게 150킬로

그램, 불을 뿜지 않는다는 것만 빼면 전설의 그 무서운 동물을 꼭 닮은 생명체를 찾을 수 있다면, 그렇다면 난생 처음으로 무지개나 별똥별을 본 사람처럼 지금까지와는 인생이 약간 달라질 것 같았다. 좀 더 즐겁고 희망적인 것으로.

"결국 그건 커다란 왕도마뱀이지 뭐겠어."

언제나 낙천적인 와얀 부인은 코모도 드래곤에 대해서 이렇게 말했다. 몸집이 사람 키의 두 배에 이른다는 점을 제외하면 세계 최대의 도마뱀인 그 동물은 열대의 섬에서 숱하게 볼 수 있는 조그만 도마뱀들과 별로 다를 바가 없었다. 민박집의 방과 욕실, 그리고 부엌에 이르기까지, 탁한 녹색을 띤 조그만 생명체는 열대 어디서나 쉽게 눈에 띄었다. 벽의 높은 곳이나 천장에 자석처럼 찰싹 붙은 채 움직이는 법을 잊어버리기라도 한 것처럼 언제까지나 꼼짝도 하지 않고 있었다. 모기나 그 밖의 해충을 잡아먹고 사는 이 도마뱀만큼 조용하고 무해한 동물을 나는 지금껏 거의 알지 못한다.

어떻게든 바라누스 코모도네인시스, 다시 말해 열대의 용을 보고 싶다고? 멀고 험한 모험을 완수할 기력과 시간은 부족하나 환상을 포기할 수 없는 사람들이라면 자카르타의 동물원에 입장하면 된다. 아니면 발리의 호화로운 리조트에서 마사지를 받으며 유유자적하는 동안 잠깐 시간을 내어 인근에 있는 파충류 공원에 한번 들르시든가. 성체는 아니지만 어쨌든 진귀한 모니터 도마뱀*바라누스 코모도인시스는 모니터 도마뱀의 일종이다의 모습을 볼 수 있다. 타이와 말레이시아 동물원에도 있다고 들었다. 지금까지 내가 본 중에서 가장 귀여운 모니터 도마뱀은 자카르타 앞바다에 떠 있는 풀라우스리부*Pulau Seribu, 천 개의 섬 중 풀라우푸트리(Pulau Putri)에 있었다. 푸트리는 아주 조그만 섬으로, 한 바퀴 도는데 30분 정도밖에 걸리지 않는다. 호텔 뒷마당에 있는 밀림을 산책하다가 우연히 발견한 놈이었는데, 카메라를 들고 내가 한 걸음 다가서자 겁을 먹었는지 허둥거리다가 결국 연푸른 바다로 뛰어들어 빽빽한 맹글로브 숲 사이로 잽싸게 숨어버렸다.

집으로 돌아가는 것은 쓸쓸하긴 해도 여행에서 빼놓을 수 없는 경험이다. 언제나 그렇듯 조금 쓸쓸하고 어디라고 정확하게 짚을 수는 없지만 몸 한 구석이 묘하게 근질거리는, 장한 일이나 해치운 듯 흐뭇한 웃음이 나면서도 한편으로는 서글픈 눈물도 몇 방울 뚝뚝 흘리고 싶은, 새삼 흥분이 솟으면서도 동시에 손가락 끝까지 완전히 탈진해버린 듯한 기분이 들었다. 공항으로 향하는 쁘라마 버스에서 나는 경치를 잘 감상할 수 있는 맨 앞자리, 운전사 바로 옆 좌석에 앉았다. 십여 명의 외국인과 그들의 가방을 실은 버스는 오롯한 우붓의 길을 굽이굽이 돌아 돌아 드디어 탁 트인 논이 보이는 직선 도로로 들어섰다.

하필이면 코모도 앞에 발리가 놓여 있다. 이 조그맣고 이상한 섬은 언제나 모험의 가장 큰 방해물이 될 만큼 그렇게나 아름답다. 밀짚을 엮어 만든 삿갓을 쓴 조그만 사람들이 흰 깃발이 펄럭이는 푸른 논에 주저앉아 조금씩 움직이며 무엇인가 열심히 일을 하고 있었다. 이미 추수를 모두 마치고 짤막하게 베어나간 그루터기만 남아 있는 갈색 땅도 보였다. 머리와 양 팔에 묵직한 것을 이고 지나가는 여인들, 상체를 벌거벗은 채 오토바이를 수선하는 남자들, 삼삼오오 모여 담배를 나눠

피거나 기타 줄을 튕겨대는 동네 청년들. 그 틈을 요리조리 뛰어다니는 갈색 얼굴의 즐거운 아이들이 눈에 들어왔다. 푸르른 논에 호수처럼 잔물결을 일으키며 어디선가 바람이 불어오고 버스 차창에 걸치고 있는 내 드러난 팔에는 맑은 햇볕이 따갑게 내리쬐었다. 전형적인 발리의 오후였다. 버스가 너무 빠르게 달리는 것이 안타까울 정도로.

젊은 버스 운전사는 사누르(Sanur) 지역에 살고 있었다. 이 버스는 오늘 운행하는 마지막 편으로 이제 공항에 가서 승객들을 내려주고 집으로 퇴근하면 일과를 마치는 셈이라고 했다. 내가 구사하는 인도네시아어에 감명을 받은 표정으로 그는 다음과 같이 물었다.

"어디로 갑니까(Mau ke mana)?"

나는 발리로 오던 비행기에서 옆 좌석의 노인에게 이 질문을 했던 것이 기억났다. 그리고 그때 노인의 입에서 나온 대답이 무엇이었는지도. 꾸따에서 산 챙이 넓은 모자를 눈이 보이지 않을 정도로 푹 눌러쓴 나는 점잖게 대답했다.

"집으로 갑니다(Ke ruma)."

언제나 그렇듯 서울은 떠나기 전과 달라진 것이 없었다. 내가 두고 떠났던 사람들도 마찬가지였다. 오래간만에 다시 만난 친구들은 내가 용을 보기 위해 여행을 갔었다는 것을 기억하지 못했다.

"그래서, 이번에는 어딜 다녀왔다고 했지? 인도네시아였던가?"

"……발리에 갔다 왔어."

"아, 그래. 발리라면 요즘 텔레비전 드라마에도 자주 나오던데. 꽤 좋은 곳 같던걸. 비행시간이 그렇게 길지만 않으면 우리도 한번 가볼 텐데 말이야. 아이가 있으니 여행이고 뭐고 이젠 아주 힘들어졌지 뭐야."

발리에서 혼자 지낸 나날들에 대해서 물어보는 사람들에게 너무 싱겁게 들릴 것 같아서 용 이야기는 하지 않기로 했다. 우붓의 친절한 민박집 주인에게 생각지도 않은 선물을 받았다며 발리산 홍차 두 상자를 보여주었을 뿐이다. 코모도 섬에 닿지는 못했지만 결국 원하던 것을 보았다고 말한다면, 내가 예상했던 것과는 상당히 다른 외양을 하고 있었노라고, 조심성 없는 관광객을 잡아먹는 흉측한 회색 괴물 대신 수다쟁이 발리니즈 부인의 이야기를 꺼낸다면 과연 친구들은 뭐라고 말할까.

거대하고 흥미로운 그 동물이 코모도 섬의 울창한 숲 속이 아니라 발리 중부의 우붓, 왕궁에서 멀지 않은 앙가다 골목(Anggada street) 중간쯤에 위치한 어느 다세대 주택의 맨 끝 집에 살고 있더라고 말한다면, 그 진귀한 존재와 함께 발리 전통 과자를 만들고 또한 내가 만든 스파게티를 나누어 먹기도 했다는 것을 알면 뭐라고 할까. 사람들은 완수하지 못한 임무에 대해서 내가 끊임없이 교묘한 변명을 둘러대는 것에 이미 이골이 나 있었다. 그래서 그냥 아아, 나름대로 즐거운 여행이었어, 라고 간단하고 명랑하게 요약하는 것으로 여행에 대한 언급을 끝내기로 했다.

이것이 바로 그해 여름, 또다시 발리에서 민박집 아줌마와 노닥거리며 빈둥대느라 코모도 근처에도 가보지 못하고 조용히 집으로 되돌아오고 만 실패담의 전부다. 용을 찾는 모험은 다음을 기약할 수밖에.

코모도행 직항의 출현을 기다리며
2004년 가을, 아름다운 동해에서

참고 문헌

Allen, Charles, *Tales from the South China Seas*, British Broadcasting Corporation, Andre Deutsch, London, 1983.

Dalton, Bill, *Indonesia Handbook*, Moon Publications, Chico, California, 2000.

Farmer, B. H., *An Introduction to South Asia*, Methuen & Co. Ltd., London, 1983.

Indonesia, Insight Guide, Apa Productions, Singapore, 1998.

Malaysia, Insight Guide, Apa Publications, Singapore, 1998.

Sievers, Allen M., *The Mystical World of indonesia: Culture and Economic Development in Conflict*, The Johns Hopkins University Press, Baltimore, 1974.

Thailand. Insight Guide, Apa Publications, Singapore, 2002.

Wheeler, Tony, *South-East Asia on a shoestring*, Lonely Planet Publications, South Yarra, Victoria, Australia, 2002.

용을 찾아서 ─ 열대 섬과 나, 드래곤 이야기

1판 1쇄 찍음 · 2005년 4월 25일 /1판 1쇄 펴냄 · 2005년 5월 2일
지은이 · 박정석 /펴낸이 · 박맹호, 박근섭 /펴낸곳 · **(주) 민음사** /출판등록 1966. 5. 19. 제16-490호 /(우)135-887 서울 강남구 신사동 506번지 강남출판문화센터 5층 /대표전화 515-2000 / 팩시밀리 515-2007 /www.minumsa.com / 값 16,000원
박정석 ⓒ 2005, Printed in Seoul, Korea. / ISBN 89-374-2545-9 (03980)